Ja! genau

Deutsch als Zweitsprache
Sprachtraining

Vera Menzel

B1

Cornelsen

Ja genau! B1
Deutsch als Zweitsprache
Sprachtraining

Im Auftrag des Verlages erarbeitet von:
Vera Menzel

In Zusammenarbeit mit der Redaktion: Andrea Finster

Bildredaktion: Nicola Späth
Projektleitung: Gunther Weimann

Illustrationen: Joachim Gottwald
Layoutkonzept und technische Umsetzung: zweiband.media, Berlin
Umschlaggestaltung: Rosendahl Berlin

Weitere Kursmaterialien:
Kurs-und Übungsbuch B1/1 ISBN 978-3-06-024161-3
Audio-CD für den Kursraum B1/1 ISBN 978-3-06-024170-5
Kurs-und Übungsbuch B1/2 ISBN 978-3-06-024162-0
Audio-CD für den Kursraum B1/2 ISBN 978-3-06-024171-2
Handreichungen für den Unterricht ISBN 978-3-06-024174-3
Unterrichtshilfe interaktiv auf CD-ROM ISBN 978-3-06-024179-8

www.cornelsen.de

Die Links zu externen Webseiten Dritter, die in diesem Lehrwerk angegeben sind, wurden vor Drucklegung sorgfältig auf ihre Aktualität geprüft. Der Verlag übernimmt keine Gewähr für die Aktualität und den Inhalt dieser Seiten oder solcher, die mit ihnen verlinkt sind.

1. Auflage, 1. Druck 2012

Alle Drucke dieser Auflage sind inhaltlich unverändert und können im Unterricht nebeneinander verwendet werden.

© 2012 Cornelsen Schulverlag GmbH, Berlin

Druck: Stürtz GmbH, Würzburg

ISBN 978-3-06-024165-1

 Inhalt gedruckt auf säurefreiem Papier aus nachhaltiger Forstwirtschaft.

Inhalt

Das **Sprachtraining B1** bietet ergänzende Übungen zur Vertiefung und Wiederholung des Lernstoffs der beiden Bände des Kurs- und Übungsbuchs *Ja genau! B1* an. Sie sind auf die Inhalte der entsprechenden Einheiten abgestimmt und eignen sich auch als Hausaufgaben.
Die Seiten *Fit für die Prüfung* unterstützen die Lernenden bei der Vorbereitung auf den Deutsch-Test für Zuwanderer.

Über das Lernen

Wortschatz

1 Lernen und Konzentration. Welches Wort passt? Kreuzen Sie an.

1. Ob wir wollen oder nicht, wir lernen jeden Tag etwas Neues.
   Denn unser ☐ Blut ☒ Gehirn muss immer mehr
   Informationen ☒ aufnehmen ☐ einfallen.

2. Oft merken wir nicht, dass es unwichtige Informationen
   ☒ aussortiert ☐ mitschreibt. Wenn wir bewusst lernen,
   entscheiden wir, welche Informationen ☐ realistisch
   ☒ nützlich sind.

3. Dann schalten wir das Gehirn auf ☐ Diskussion ☒ Konzentration und lernen zum
   Beispiel ☒ Regeln ☐ Wünsche auswendig.

4. Aber manchmal muss man es ☒ täuschen ☐ kommentieren, damit es nicht einfach
   abschaltet.

5. Es gibt ein paar ☐ Typen ☒ Tricks, die jeder ☐ motivieren ☒ ausprobieren kann.

6. Viele ☒ Experten ☐ Instrumente geben ☒ Ratschläge ☐ Abschnitte für erfolgreiches
   Lernen.

2 Welche Methoden fördern die Konzentration? Ergänzen Sie den Text.

~~abschalten~~ · ausdenken · ~~Blut~~ · einfallen · ~~fördern~~ · ~~Forscher~~ · Gehirn · ~~Gleiche~~ ·
~~herumlaufen~~ · ~~hintereinander~~ · ~~mitschreiben~~ · ~~nützlich~~ · Ratschlag · ~~Reihenfolge~~ ·
~~überlegen~~ · ~~unterschiedliche~~ · ~~Zeichnung~~

— comes to mind

Sie sollten zum Beispiel nicht über längere Zeit das ___Gleiche___ [1] lernen, sondern
___unterschiedliche___ [2] Aufgaben in einer für Sie angenehmen ___Reihenfolge___ [3] machen.
Beim Wörterlernen kann es helfen, wenn Sie sich eine ___Zeichnung___ [4] machen oder sich
zu jedem Wort einen Satz ___ausdenken___ [5]. Im Unterricht ist es oft sehr
___nützlich___ [6], wenn Sie ___mitschreiben___ [7], was man Ihnen erzählt. Noch ein prak-
tischer ___Ratschlag___ [8] für das Lernen zu Hause: Sie ___überlegen___ [9] schon lange und
trotzdem ___fällt___ Ihnen nichts ___ein___ [10]? Machen Sie eine kurze Pause. Denn
manchmal muss man einfach ___abschalten___ [11]. Achten Sie also darauf, dass Sie nicht zu
lange ___hintereinander___ [12] arbeiten. Sie können im Zimmer oder auch draußen etwas
___herumlaufen___ [13], dann fließt das ___Blut___ [14] besser durch den Körper und das
___Gehirn___ [15] kann besser arbeiten. Die ___Forscher___ [16] wissen schon lange,
dass Bewegung die Konzentration ___fördern___ [17].

3 Definitionen. Welches Wort passt? Ordnen Sie zu und ergänzen Sie bei den Nomen den Artikel und die Pluralform.

Abschnitt • Brust • drehen • Kaugummi • Knopf • (sich) leihen • Ton • Wunder

1. Das kann man nicht anfassen, sondern nur hören.   _der Ton, die_____

2. Das ist ein Stück aus einem Text.   _____

3. Man kaut es, dann kann man vielleicht besser denken.   _____

4. Wenn man etwas benutzt, das einem anderen gehört.   _____

5. Etwas nach links oder rechts im Kreis bewegen.   _____

6. Er ist klein und er hält die Hose zu.   _____

7. Das kann man nicht erklären, man kann es nur glauben.   _____

8. Das ist ein Teil vom Körper.   _____

4 Wortfamilien. Notieren Sie zu jedem Verb das Nomen mit Artikel. Dann scheiben Sie zu jedem Verb einen Satz.

> **Tipp**
> Googeln Sie die Wörter und finden Sie Beispiele.

1. (sich) wünschen: _____   2. diskutieren: _____

3. forschen: _____   4. (sich) konzentrieren: _____

Grammatik

5 Wünsche und Vorstellungen: Wie können wir den Unterricht verbessern?
a) Schreiben Sie Sätze mit *würde* + Infinitiv wie im Beispiel.

Frau Lechner – regelmäßig einen Modelltest ...
➤ Frau Lechner würde gern regelmäßig einen Modelltest machen.

1. Herr Geyer – mehr Bewegung in den Unterricht ...
2. Frau Sander und Frau Meinhold – täglich die Hausaufgaben ...
3. die Direktorin – Kurse mit kleineren Gruppen ...
4. die jungen Lehrer – gern mit den Schülern über Methoden ...
5. Frau Völler – die unterschiedlichen Lerntypen stärker ...
6. Herr Kiesand – Lernplakate an die Wand ...
7. alle Kursleiter – die Lerner/innen zum Führen von einem Lerntagebuch ...

anbieten
auffordern
bringen
diskutieren
fördern
hängen
kontrollieren
~~machen~~

b) Was ist das Problem? Schreiben Sie die Sätze aus a) in der Ich/Wir-Form und ergänzen Sie einen Satz mit *aber* wie im Beispiel.

es fehlt: Zeit • Platz • Lehrer • Kursräume • Lust
man darf die Wände nicht bekleben

Ich würde gern regelmäßig einen Modelltest machen, aber wir haben zu wenig Zeit.

Über das Lernen

6 Lebenslanges Lernen. Ergänzen Sie den Text mit der richtigen Form von *werden, haben, sein* oder *wissen* im Konjunktiv II.

Pavel: Maria, was _____[1] du zum Thema „Lebenslanges Lernen" sagen?

Maria: Ich denke, dass es schön _____[2], wenn mehr Menschen und vor allem auch

mehr Firmen über die Frage nachdenken _____[3], welche Vorteile dieses

Konzept für sie _____[4]. Denn ich denke, dass es für alle sehr nützlich

_____[5], wenn wir jedes Jahr etwas mehr über uns und unsere Arbeit

_____[6].

Pavel: Stimmt. Es _____[7] auch langweilig, wenn man nach dem Schulabschluss oder

der Ausbildung nichts Neues mehr lernen _____[8].

Maria: Ja, genau! Aber ich _____[9] mich hier nicht nur auf den Beruf konzentrieren.

Wenn man zum Beispiel Tanzen oder Klavierspielen lernt, _____[10] man Spaß

und man _____[11] gleichzeitig das Gehirn fit halten.

Pavel: Ich _____[12] so gern mehr Zeit – und Geld! Dann _____[13] ich reiten

lernen. Wenn ich nur _____[14], wie ich das bezahlen soll.

7 Was ist Ihre Meinung? Antworten Sie auf die Fragen und schreiben Sie einen Text.

1. Was würden Sie gern noch lernen?
2. Wie viel Zeit hätten Sie für etwas Neues?
3. Was könnte Ihre Freizeit interessanter machen?
4. Glauben Sie, dass Sie bessere Chancen im Beruf hätten, wenn Sie noch mehr lernen würden?
5. Könnte das Lernen gut für die Gesundheit sein? Wenn ja, wie?

8 Nützliche Tipps. Ergänzen Sie die E-Mails mit den Verben im Konjunktiv II.

Sehr geehrte Frau Meinhold,

ich _____[1] (werden) mich gern besser auf die B1-Prüfung vorbereiten, und dazu

_____[2] (haben) ich ein paar Fragen:

• Wie _____[3] (können) ich mein Hörverstehen verbessern?

• Was _____[4] (müssen) ich tun, damit ich mir mehr Wörter merken kann?

• Wie _____[5] (sollen) man Grammatik am besten lernen?

Ich _____[6] (werden) mich über eine Antwort sehr freuen. Vielen Dank im Voraus.

Mit freundlichen Grüßen
Farjad

Lieber Farjad,

vielen Dank für Ihre Mail. Ich gebe Ihnen gern ein paar Tipps. Beim Hören _____ ⁷ (können) z. B. Videos sehr nützlich sein, denn wenn man auch sieht, was passiert, versteht man es besser und gewöhnt sich an die authentische Sprache. Wenn Sie sich kurze Videos aus dem Internet ansehen, _____ ⁸ (sein) das genau richtig. Das können Nachrichten, Interviews oder auch Lieder sein. Aber Sie _____ ⁹ (sollen) auch viel sprechen. Zum Lernen von neuen Wörtern _____ ¹⁰ (können) Sie Ihren Computer nutzen. Nehmen Sie die neuen Wörter auf, speichern Sie sie als Audiodatei und beim Abhören _____ ¹¹ (sollen) sie die Übersetzung laut sagen. Das _____ ¹² (müssen) gut funktionieren. Für Grammatikregeln _____ ¹³ (haben) ich auch einen Tipp: Sie _____ ¹⁴ (sollen) sich eigene Merksätze und Tabellen schreiben und sie im Bad neben dem Spiegel aufhängen. Dann _____ ¹⁵ (werden) Sie sie jeden Tag sehen.

Viele Grüße, Ines Meinhold

Lesen

9 Lesen Sie noch einmal die E-Mail von Frau Meinhold. Machen Sie eine Liste mit ihren Tipps.

10 Lesen Sie den Text und markieren Sie: richtig oder falsch?

Lernen und Internet

Ines Meinhold, DaF-Dozentin: „Als ich in der Schule war, hatten wir nicht einmal Kopiergeräte. Wir mussten alles aufschreiben. Videos? Internet? – Konnten wir vergessen! Heute kann man im Unterricht, aber auch zu Hause mit Videos aus dem Internet arbeiten. Auch Texte und Übungen findet man zu allen Themen – so etwas hat es noch nie gegeben! Früher hatten die Lerner zu wenig Materialien, heute muss man aufpassen, dass die Sachen aus dem Internet auch passen und gut sind. Denn es gibt so viel, dass man viele Dinge aussortieren muss und das ist nicht immer einfach. Beim Lernen im Internet fällt mir auch sofort der Begriff „Web 2.0" ein. Es gibt heute viele unterschiedliche Plattformen, die die Lerner nutzen können. Dort finden sie aktuelle Materialien und Online-Kurse und sie können sich austauschen. Das fördert das Interesse und kann das Lernen lebendiger machen. Besonders junge Lerner probieren E-Learning aus und haben damit Erfolg. Aber ob ich lieber mit anderen in einem Kurs oder zu Hause lerne, hängt auch davon ab, was für ein Typ ich bin."

	richtig	falsch
1. Früher musste man viel mehr schreiben.	☐	☐
2. Wenn man das möchte, kann man heute Videos aus dem Internet zum Sprachenlernen nutzen. Aber das ist teuer und kompliziert.	☐	☐
3. Nicht alle Materialien aus dem Internet sind gut.	☐	☐
4. Alle sollten heute das Internet nutzen, damit sie mehr lernen.	☐	☐

Über das Lernen

11 Lesen Sie zuerst die Situationen, dann die Anzeigen. Ordnen Sie zu. Zu einer Situation gibt es keine Anzeige, da machen Sie ein X.

1. [B] Sie sind Lehrer/in und möchten mit Kollegen und Kolleginnen über neue Methoden diskutieren.
2. [ ] Sie möchten Zeichnen lernen und suchen einen Abendkurs.
3. [ ] Ihre Tochter hat schlechte Noten in Englisch und Sie suchen einen Nachhilfelehrer/ eine Nachhilfelehrerin.
4. [ ] Sie würden gern wissen, warum sie sich manche Dinge gut merken können, andere aber nicht.
5. [ ] Sie interessieren sich für Gehirnforschung und würden gern mehr wissen.
6. [ ] Sie haben Konzentrationsprobleme und suchen Hilfe.

A

Studienkreis Online-Nachhilfe
Bei unserer Nachhilfe über das Internet lernt Ihr Kind in vertrauter Atmosphäre zu Hause mit einem Medium, das ihm Spaß macht.
www.studienkreis.de

B

Gesprächskreis für Lehrende
Immer mehr Schüler und Eltern sind mit dem Schulunterricht nicht zufrieden. Woran liegt das? Welche Methoden können Ihren Unterricht verbessern? Wir laden Sie zu einer offenen Diskussion zum Thema am Sa, den 09.10. in der Hermann-Gmeiner Schule ein.

C

STUDENT GIBT ENGLISCHSTUNDEN
Angehender Lehrer frischt Ihre Englischkenntnisse auf oder gibt Nachhilfe – individuell und günstig. Tel.: 88 97 65 54

D

Lerntraining
Das Lernen muss man lernen! Wie konzentriere ich mich? Welche Techniken helfen wirklich? Das erfahren Sie in unserem Seminar am 12.10. in der VHS Fürth. Anmeldungen unter 0911-324566

E

Gedächtnismodelle
Wie arbeitet das Gedächtnis? Warum erinnern wir uns an manche Sachen und andere vergessen wir sofort? Im Seminar präsentieren wir Modelle, die Ihnen ganz neue Erkenntnisse über den Prozess des Erinnerns liefern. Am 22.9. in der Stadthalle, 19:00 Uhr. Eintritt 8 Euro.

F

Sie sind Schauspieler/in?
Sie lieben Ihren Beruf, haben aber ein Problem beim Textlernen: Gedächtnistraining – praktisch und mit Spaß.

G

Vortrag zum Thema
Lernmaschine Gehirn
Die neuesten Erkenntnisse aus der aktuellen Forschung, präsentiert von Prof. Dr. Kopf.
Samstag, 14 Uhr, in der Urania

H

Studio „Monet"
Sie wollten schon immer zeichnen können oder Bilder malen? Und Sie haben es noch nie ausprobiert? Dann lernen Sie es doch! Kurse täglich von 10:00–11:00 und 15:00–16:00 Uhr

Kommunikation

12 Diskussion zum Thema „Soll man den Kindern bei den Hausaufgaben helfen?"
Lesen Sie die Rollenkarten und schreiben Sie einen Dialog.

> **Juliana**
> – die Kinder sollten alleine arbeiten, damit
> sie ihre Aufgaben selbst organisieren
> – wenn sie immer Hilfe bekommen, lernen
> sie nichts / selbstständig denken
> – werden unabhängiger
> – stärkt das Selbstbewusstsein

> **Nadine**
> – Lernen muss man lernen, dabei brauchen
> die Kinder Hilfe
> – die Aufgaben – oft viel zu schwer
> – mit Eltern oder Nachhilfe – mehr lernen
> als allein / bessere Noten
> – die Eltern – mit ihrer Hilfe machen sie die
> Kinder stärker

> Juliana: Ich finde, dass die Kinder ... Denn dann müssen sie ...
> Nadine: Aber ich glaube, dass ...

13 Einen Brief / eine E-Mail schreiben. Sie wollen einen Englischkurs auf Malta machen.
Antworten Sie auf diese Anzeige. Nutzen Sie die Punkte unten.

> **Lernen Sie Englisch in unserer Sprachschule in Sliema, Malta.**
>
>
> **Linguaenglish** steht für qualitativ hochwertigen Unterricht mit familiärer Atmosphäre und mit engem, persönlichem Kontakt zwischen Schülern, Lehrern und Mitarbeitern.
> Die Teilnahme am Sprachkurs findet immer in einer kleinen Gruppe statt, mit Teilnehmern, die auf dem gleichen Niveau wie Sie sind.
> **Linguaenglish** versucht, ein optimales Preis-Leistungs-Verhältnis zu finden. Deshalb sind wir oft preisgünstiger als unsere Konkurrenten und bieten trotzdem qualitativ hochwertige Kurse an. **Linguaenglish**-Kurse sind für jeden geeignet, egal ob jung, alt, Student, Berufstätiger oder Rentner.
> Unsere Schule ist im Stadtzentrum gelegen. Unser Freizeitangebot fördert den Kontakt zwischen den Lernenden. Unsere Mitarbeiter nehmen sich Zeit für Ihre individuellen Probleme.

– Sie interessieren sich für einen Kurs an dieser Schule.
– Fragen Sie, wo die Kursteilnehmer wohnen und ob die Schule auch Zimmer vermietet.
– Welche Anreisemöglichkeiten gibt es und holt man Sie ab?
– Fragen Sie nach dem Gesamtpreis und nach den Terminen.

14 Sprichwort zum Thema Lernen.
a) Was heißt das? Kreuzen Sie an.

„Was Hänschen nicht lernt, lernt Hans nimmermehr."
a) ☐ Hans kann nicht lernen.
b) ☐ Man muss in der Kindheit mit dem Lernen anfangen.

b) Wie denken Sie über dieses Sprichwort? Schreiben Sie einen Kommentar (100 Wörter).

Märchenwelten

Wortschatz

1 Das Wort „Märchen" – positiv oder negativ?
a) Ordnen Sie zu.

positiv ☺	negativ ☹
Satz 2	

1. Erzähl mir doch keine **Märchen** – du hast das Fenster kaputtgemacht!
2. Die Fußballweltmeisterschaft 2006 in Deutschland war ein Traum: fröhliche Fans, tolles Wetter und super Stimmung: Bis heute sagt man, sie war ein Sommer**märchen**.
3. Fleisch von glücklichen Tieren? Das ist doch ein **Märchen aus der Werbung**!
4. Diesen Urlaub wollte ich schon lange machen. Ich fühle mich wie im **Märchen**.
5. Das sind sicher alles nur **Märchen**, man kann mit Tabletten nicht gesund abnehmen!

b) Ordnen Sie die Sätze den Bildern zu.

2 Der Prinz und der Frosch. Ergänzen Sie die Artikel. Achten Sie auf die Form.

Es war einmal _eine_ [1] schöne Prinzessin. _Die_ [2] Prinzessin hatte _____ [3] süßen kleinen Frosch. Das Tier lebte in _____ [4] goldenen Brunnen und bewachte* _____ [5] Kugel aus Smaragden. Eines Tages kam _____ [6] Prinz und wollte _____ [7] Prinzessin heiraten. _____ [8] Frosch sagte: „Ich möchte ihn kennenlernen und mit ihm sprechen.", denn _____ [9] gute Fee hatte _____ [10] Frosch erzählt, dass _____ [11] schöne Mann gar kein Prinz war: Er war in Wirklichkeit _____ [12] böse Hexe, _____ [13] das Schloss und die Smaragdkugel haben wollte. _____ [14] Fee gab _____ [15] Frosch _____ [16] Versprechen, dass sie ihn in _____ [17] Menschen verwandelt, wenn er die Hochzeit verhindert.

Also sprach der Frosch mit _____ [18] Prinzen. Er sollte eine Frage über seine Mutter, _____ [19] Königin, beantworten, aber er wusste die Antwort nicht. Wütend wollte er den Frosch in _____ [20] Hecke werfen, aber dieser verwandelte sich in _____ [21] großen jungen Mann. Er schenkte _____ [22] Prinzessin die Smaragdkugel, sie heirateten und – wir machen aus der Geschichte _____ [23] Zeichentrickfilm.

* bewachen = auf etwas aufpassen

3 Märchen: immer das Gleiche? Ergänzen Sie die Verben. Achten Sie auf die Form.

gehen um • hereinkommen • runterlaufen • heiraten • retten • rufen • schneiden • versprechen • verwandeln • vorlesen • weglaufen

1. Jeder, der einem Kind schon einmal Märchen _____ hat, weiß, dass es eigentlich

   immer _____ das Gleiche _____ .

2. Es gibt die Guten und die Bösen. Ein Prinz muss eine Prinzessin _____ . Manchmal

   muss er dafür eine Hecke _____ oder eine gute Fee zu Hilfe _____ . Oder

   die Prinzessin _____ die Treppe _____ und verliert einen Schuh.

3. Eine böse Hexe _____ den Prinzen in ein Tier oder macht, dass die Prinzessin

   hundert Jahre schläft. Dann ___*kommt*___ eine gute Fee _____ und _____ ,

   dass alles gut wird.

4. Am Ende _____ die Bösen _____ , Prinz und Prinzessin _____ und

   alle sind glücklich.

Grammatik

4 Präteritumpoesie. Was reimt sich? Bilden Sie das Präteritum und finden Sie Paare wie im Beispiel.

Beispiel: kommen – kam   nehmen – nahm

bieten • bleiben • brechen • bringen • denken • essen • fallen • fliegen • lesen • müssen • schlafen • schreiben • sitzen • sollen • sprechen • wiegen • wissen • wollen • ziehen

Tipp
Im Kursbuch finden Sie Hilfe: Die Liste der unregelmäßigen Verben, ab Seite 162.

5 Lesen sie die Verben im Präteritum und ordnen Sie die Infinitive in die Tabelle.

arbeitete • bekam • gab • ging • hatte • konnte • küsste • lebte • sah • schnitt • sollte • trug • wohnte • wollte

regelmäßige Formen	unregelmäßige Formen	Modalverben

Märchenwelten

6 Das Präteritum üben. Ergänzen Sie die Formen und schreiben Sie die Sätze in Ihr Heft.

a) Ich __ging__ zum Training.

Du _____ nach Hause.

Er _____ zur Arbeit.

Wir _____ nach Deutschland.

Ihr _____ einkaufen.

Sie _____ ins Krankenhaus.

b) Ich _____ an dem Projekt _____.

Du __nahmst__ an einer Diskussion _____.

Sie _____ am Unterricht _____.

Wir _____ an dem Wettbewerb _____.

Ihr _____ an den Olympischen Spielen _____.

Sie _____ an dem Programm _____.

c) Ich _____ dir einen Rat.

Du _____ mit etwas Geld.

Er __gab__ dem Arzt das Impfbuch.

Wir _____ dem Kellner Trinkgeld.

Ihr _____ dem Hund Fleisch.

Sie _____ der Oma Blumen.

d) Ich _____ vor 14 Jahren nach Berlin.

Du _____ zum Unterricht.

Sie _____ von der Arbeit.

Wir _____ alle zum Spieleabend.

Ihr _____ etwas später.

Sie __kamen__ mich besuchen.

e) Ich _____ keine Zeit.

Du _____ Schmerzen.

Er _____ einen Unfall.

Wir __hatten__ kein Fleisch auf dem Teller.

Ihr _____ Husten.

Sie _____ Schnupfen.

f) Ich _____ den ganzen Tag allein.

Du _____ selten zu Hause.

Sie _____ nett zu uns.

Wir _____ zufrieden.

Ihr __wart__ zum Glück da!

Sie _____ verzweifelt.

7 Wer ist das? Lesen Sie die Stichwörter und schreiben Sie eine Biografie im Präteritum.

? kam am 5. Dezember 1901...

- Er kommt am 5. Dezember 1901 in Chicago zur Welt, schon mit 14 Jahren zeichnet er.
- 1916 besucht er die Kunstakademie
- 1917 geht er mit dem Roten Kreuz nach Frankreich, weil er für das Militär zu jung ist.
- 1919 lernt er den Künstler Ub Iwerks kennen. Zusammen produzieren sie seinen ersten Zeichentrickfilm
- Er macht sich mit seinem Bruder selbstständig und produziert einige Kurzfilme, aber er hat keinen Erfolg.
- 1922 geht er nach Hollywood. Dort hat er eine Idee: Er will Tiere wie Menschen darstellen.
- Der Film „Oswald, der lustige Hase" ist ein großer Erfolg, aber das Geld verdienen andere.
- 1923 gründet er seine eigene Firma, 1925 heiratet er.
- 1926 zeichnet sein Partner, Ub Iwerks, die berühmteste Maus der Welt.
- Die Maus wird ein Star und er bekommt für sie 1936 den Ehren-Oscar.
- Er produziert viele Filme und gründet einen großen Vergnügungspark.
- Er stirbt am 15. Dezember 1966, aber seine Firma gibt es bis heute.

8 Noch ein Märchen. Schreiben Sie Sätze mit *nachdem* wie im Beispiel.

Beispiel: Wir organisierten einen Märchenabend. Wir fanden Märchen richtig spannend.
➤ Nachdem wir einen Märchenabend organisiert hatten, fanden wir Märchen richtig spannend.

1. Wir schrieben selbst ein Märchen. Dann wollten wir aus dem Märchen einen Film machen.
2. Wir dachten uns ein Drehbuch[1] aus. Dann suchten wir die Schauspieler.
3. Wir fanden gute Schauspieler. Dann luden wir einen Regisseur ein.
4. Der Regisseur las unser Drehbuch. Er begann mit der Arbeit am Film.
5. Zwei Jahre arbeitete man an dem Film. Dann war er fertig.
6. Wir zeigten den Film unseren Freunden und Familien. Wir stellten einen Ausschnitt von dem Film ins Internet.
7. Viele Menschen sahen sich ihn an. Wir verkauften DVDs.
8. Wir verdienten eine Million Euro mit unserem Film. Wir waren sehr glücklich.

1 das Drehbuch = ein Buch für einen Film

9 Ein Weihnachtsgruß. Lesen Sie die Karte. Was passt? Ordnen Sie zu.

Frohe Weihnachten!

Liebe Gabi,

ich möchte Dir die DVD „Drei Nüsse für Aschen-brödel" (1), weil ich denke, dass dieser Film dir und (2) Kindern besonders zu (3) sehr viel Freude machen (4). Und (5) hattest du (6) mal erzählt, (7) du gern einen Märchenfilm als Geschenk (8). Und „Drei Nüsse für Aschenbrödel" ist ein wunder-schönes (9)!

Liebe Grüße
Ines

a) hättest
d) außerdem
g) Weihnachten

b) dass
e) könnte
h) Märchen

c) schenken
f) deinen
i) mir

10 Aus groß wird klein. Ergänzen Sie die Wörter mit *-chen*.

1. Stars und _____ (Sterne).

2. Wer hat von meinen _____ (Teller) gegessen und aus meinem

   _____ (Tasse) getrunken?

3. Ist das _____ (Hund) nicht süß?

4. Heute ist Sonntag. Hast du _____ (Brot) gekauft?

Lesen

11 Lesen Sie den Text schnell. Was ist das Thema: a, b oder c?

a) Berühmte Schauspieler spielen im neuen Märchenfilm mit.   b) Verein engagiert sich für den Erhalt von Märchen   c) Neue Märchenbücher im Angebot

Prominente retten für Kinder das Märchenland

Schneewittchen, Dornröschen und der Froschkönig: Für viele Kinder heute unbekannte Namen. Sie kennen Shrek, Barbie und Lillifee und viele Computerhelden, die mit modernen Waffen und viel
5 *Gewalt Kriege gegen das Böse führen. Silke Fischer vom Verein Märchenland in Berlin will dagegensteuern und fand bei Prominenten Hilfe für ihr Projekt, das alle Eltern interessieren sollte.*
Ein großer Sessel, ein Frosch mit goldener
10 Krone und Bücher bis zur Decke – man sieht es sofort: Das Büro von Silke Fischer ist das Zentrum von „Märchenland". Die Literaturwissenschaftlerin gründete den Verein 2004. Seitdem organisiert sie jedes Jahr mehr als 1.500
15 Veranstaltungen für Kinder und Erwachsene in ganz Europa, zum Beispiel „Die Berliner Märchentage". Sie sagt: „Diese Geschichten müssen lebendig bleiben, denn unsere Kinder verlieren ihre Fantasie, weil sie immer weniger lesen und
20 immer mehr fernsehen oder am Computer spielen. Wenn dann meine Gäste ein Märchen vorlesen, passiert es schon mal, dass ein Kind fragt: „Wo läuft denn dieser Film?"
Silke Fischer ist überzeugt, dass Märchen mit
25 ihrer klaren Struktur auch sehr wichtig sind für

das Leben. Kinder erfahren so, dass das Gute das Böse besiegen muss und
30 kann. Das tut ihrem Sinn für Gerechtigkeit gut. Aber der Verein muss immer wieder mit Geldpro-
35 blemen kämpfen, nur

Der Politiker R. Haseloff bei den Märchentagen

mit Hilfe von vielen engagierten Eltern und der Unterstützung von bekannten Schauspielern konnte die Finanzierung erst einmal gerettet werden.
40 Bald stehen die Gebrüder Grimm im Mittelpunkt. Die Brüder lebten und schrieben in der Stadt, in der auch der Verein sein Zuhause hat, und 2012 ist es genau 200 Jahre her, dass der erste Band der „Kinder- und Hausmärchen"
45 erschien. Pünktlich zu diesem Ereignis veröffentlicht Silke Fischer die „Märchen-Apotheke", eine neue Sammlung der beliebtesten grimmschen Märchen für die ganze Familie.

nach: „Prominente retten für Kinder das Märchenland", airberlin magazin Nov./Dez. 2011

12 Lesen Sie die Aussagen und ordnen Sie ihnen die richtigen Zeilen aus dem Text zu.

1. Die Kinder von heute kennen viele Märchenfiguren nicht mehr.
2. Eine Literaturwissenschaftlerin hat einen Verein gegründet, weil sie möchte, dass Märchen bekannt bleiben.
3. Viele berühmte Menschen aus Funk und Fernsehen machen bei den Veranstaltungen mit und lesen Märchen vor.
4. Märchen sind schön, aber auch nützlich für die Erziehung.
5. Der Verein hat wenig Geld, bekommt aber Hilfe.
6. Die Gebrüder Grimm spielen im Jahr 2012 eine wichtige Rolle.
7. Silke Fischer hat ein neues Märchenbuch veröffentlicht.

13 Schreiben Sie eine Zusammenfassung. Die Sätze aus Aufgabe 12 helfen Ihnen.

Kommunikation

14 Ein Märchen erzählen: Dornröschen.

a) ☐ b) ☐ c) ☐ d) ☐

e) ☐ f) ☐ g) ☐ h) ☐

a) Ordnen Sie die Texte den Bildern zu.

1. Als Dornröschen ihren 15. Geburtstag feierte, fand das neugierige Mädchen im Schloss ein Spinnrad. Sie stach sich in den Finger ...

2. Aber eines Tages sagte ein Frosch zur Königin, dass sie bald ein Kind bekommen würde.

3. Es waren einmal ein König und eine Königin, die waren sehr traurig, weil sie kein Kind bekamen.

4. Sie feierten eine große Hochzeit und wenn sie nicht gestorben sind, dann leben sie noch heute.

5. ... und fiel in einen tiefen Schlaf. Auch alle Menschen im Schloss schliefen ein, und eine große Hecke wuchs um das Schloss herum.

6. Er findet Dornröschen und küsst sie. Da wacht sie sofort auf und verliebt sich in den Prinzen.

7. Zur Geburt feierten sie ein großes Fest. Aber die 13. Fee war sauer, weil man sie nicht eingeladen hatte. Sie sprach einen bösen Wunsch aus.

8. Nach 100 Jahren kämpfte sich ein Prinz durch die Hecke.

b) Erzählen Sie das Märchen einem deutschsprachigen Kind. Üben Sie im Kurs mit einem Partner / einer Partnerin.

15 Welchen Film haben Sie zuletzt gesehen? Was hat Ihnen (nicht) gefallen? Schreiben Sie einen Text (ca. 80 Wörter).

Ich habe ... gesehen. Eine tolle Komödie / Ein Liebesfilm, ich musste lachen/weinen.
Ich fand den Schauspieler/die Schauspielerin ... super/schlecht/langweilig. Sie hat/haben ...
Die Geschichte war sehr interessant/lustig/traurig/...

Werte und Wünsche

Wortschatz

1 Materiell oder nicht? Ordnen Sie die Wörter in die Tabelle ein.

Werte, die man bezahlen kann	Werte, die man nicht bezahlen kann

das Auto • der Besitz • die Bildung • die Demokratie • die Freiheit • die Freundschaft • der Frieden • die Gerechtigkeit • der Glaube • das Glück • das Gold • die Hubschrauber-Tour • die Sicherheit • das Sparkonto • der Tablet-Computer • die Villa • das Zuhause

2 Was ist neu?

a) Lesen Sie den Text und unterstreichen Sie die Wörter, die Sie in Einheit 3 gelernt haben.

 Michael (32): „Ich bin mit der europäischen Idee groß geworden, denn wir wohnten in Aachen. Da sind Holland, Belgien und Frankreich nicht weit. Im Studium bin ich auch oft nach Luxemburg gefahren, um dort billiger zu tanken und von unseren Touren nach Holland sind wir immer mit Käse und Blumen zurückgekommen. Manchmal habe ich an der holländischen Küste auch in einem Hotel gejobbt. Das ist ein wirtschaftlicher Vorteil von der europäischen Freiheit, der mir geholfen hat, mein Studium zu finanzieren. Aber das Wichtigste sind, denke ich, die europäischen Werte: Demokratie, Sicherheit und Frieden in Europa. Natürlich bedeutet Europa für die unterschiedlichen Regierungen auch, dass sie Kompromisse finden müssen – wie in jeder großen Familie. Der Glaube an die europäischen Werte ist sehr wichtig für mich."

b) Ordnen Sie die Wörter in einer Liste nach Adjektiv, Verb und Nomen und ergänzen Sie bei den Nomen die Artikel und die Pluralformen.

3 Welche Endung passt: *-heit, -keit, -isch, -schaft* oder *-ung*?

1. die Sicher_____   2. europä_____   3. die Vermut_____   4. die Regier_____

5. die Gerechtig_____   6. die Bild_____   7. die Freund_____   8. die Gründ_____

4 Erfolgreiche Unternehmensgründung. Was passt zusammen? Ordnen Sie zu.

1. ein Unternehmen   a) sorgen
2. das Geschäft   b) finden
3. für Sicherheiten   c) finanzieren
4. einen Kompromiss   d) gründen
5. das Geld   e) belegen
6. den ersten Platz in der Statistik   f) zurückgeben

5 Rauchen auf der Straße: ja oder nein? Was passt? Ergänzen Sie den Dialog.
Achten Sie auf die richtige Form der Wörter.

das Argument • die Freiheit • die Gerechtigkeit •
der Grund • der Kompromiss • der Staat •
der Unsinn • die Vermutung

demonstrieren • feststellen •
halten (von) • hinausgehen •
sorgen (für) • verbieten

Michael (32), diskutiert mit seiner Mutter, Hilde (63), über die Frage: „Soll man das Rauchen

auf der Straße _____ ¹?" Hilde raucht seit 40 Jahren, Michael ist Nichtraucher.

Michael: Ich finde, der _____ ² muss für die Gesundheit der Menschen

_____ ³ und das Rauchen auf der Straße verbieten.

Hilde: Was? Dagegen würden alle Raucher sofort _____ ⁴ – das ist jedenfalls

meine _Vermutung_ ⁵! Also ich _____ ⁶ nichts davon.

Michael: Aber schau mal. Die Forscher haben _____ ⁷, dass das Passivrauchen

sehr schädlich ist. Wenn ich z. B. an der Haltestelle auf den Bus warte und neben mir

jemand raucht, dann muss ich das einatmen. Das ist doch ein wichtiges

_____ ⁸!

Hilde: Dann müsste man überhaupt alles verbieten, was die Menschen krank machen kann:

Autos, Kosmetik, Schokolade, Kaffee …

Michael: Das ist doch _____ ⁹!

Hilde: Ja, aber es gibt immer einen _____ ¹⁰, etwas zu verbieten. Schau, ich will

auch _____ ¹¹ für alle, aber das heißt auch, dass Raucher/innen die

_____ ¹² haben müssen, irgendwo zu rauchen. Wenn sie auf die Straße

_____ ¹³, ist das immer noch das Beste für alle. Man muss auch mal

_____ ¹⁴ machen.

Grammatik

6 Ein Philosoph. Wiederholung: Verben mit Präposition. Schreiben Sie den
Text in Ihr Heft und ergänzen Sie die Präpositionen, die fehlen.

René studiert Musik und Philosophie. Wir haben ihn gefragt, was seiner
Meinung nach wirklich wichtig ist.
René: „Hier denke ich zuerst (1) die individuellen, persönlichen Werte. Es
ist wichtig, dass der Mensch (2) etwas glaubt und sich (3) etwas interessiert.
Ich ärgere mich oft (4) Leute, die nur arbeiten, um immer mehr zu besitzen. Wenn jemand
sehr viel hat, macht ihn das nicht unbedingt frei, denn er oder sie hängt dann immer (5) seinem
Erfolg ab. Dagegen halte ich viel (6) Menschen, die sich in einem Beruf engagieren, der sie
glücklich macht.

Werte und Wünsche

7 Opa hört schwer. Ergänzen Sie die W-Wörter und schreiben Sie Sätze wie im Beispiel.

1. Kurt, _____ fängt heute der Krimi im Fernsehen an?
2. _____ hast du für den Einkauf bezahlt?
3. _____ sind deine Herztabletten?
4. _____ hast du die Zeitung gelegt?
5. _____ wollen wir am Wochenende machen?
6. _____ konntest du heute Mittag nicht schlafen?
7. _____ hat heute früh angerufen?
8. _____ oft hast du heute schon etwas getrunken?
9. _____ lange hast du deine Gymnastik gemacht?

Wie bitte?

Ich habe dich gefragt, wann du essen möchtest.

8 Opa ist neugierig. Schreiben Sie den Dialog in Nebensätzen wie im Beispiel.

Mathilde Menzel hat mit ihrer Schwester Reni telefoniert. Kurt möchte wissen, worüber die Frauen gesprochen haben. Mathilde erzählt es ihm.

Beispiel: Mathilde: Na, wie geht es dir? ➤ Reni: Mir geht es schon viel besser.
Ich habe Reni gefragt / Ich wollte wissen / Mich interessierte, wie es ihr geht.
Sie hat gesagt/geantwortet/erzählt, dass es ihr viel besser geht.

1. *Mathilde:* Was hast du heute gemacht? *Reni:* Ich habe ein wenig im Garten gearbeitet.
2. *Mathilde:* Wie geht es deinem Bein? *Reni:* Viel besser. Es tut nicht mehr weh.
3. *Mathilde:* Wer hilft dir beim Einkaufen? *Reni:* Mein Enkel bringt mir immer alles mit.
4. *Mathilde:* Wann könnte ich zu dir kommen? *Reni:* Am Sonntag wäre es gut.
5. *Mathilde:* Warum geht es nicht früher? *Reni:* Bis Sonntag ist meine Tochter zu Besuch.
6. *Mathilde:* Wo arbeitet Petra jetzt? *Reni:* Sie arbeitet bei einem Reiseunternehmen.

9 Ist es schwierig, ein Unternehmen zu gründen?
a) Schreiben Sie Sätze mit Infinitiv + *zu*.

Beispiel: wichtig/eine bestimmte Summe haben
➤ Es ist wichtig, eine bestimmte Summe zu haben.

1. der/die Unternehmer/in, genug Zeit brauchen /
   alles gründlich vorbereiten
2. oft kompliziert / alles richtig planen
3. in speziellen Seminaren, man kann lernen /
   Probleme erkennen und lösen
4. man, nicht vergessen dürfen / die Kosten genau aufschreiben
5. man Lust haben sollen / viel arbeiten und eigene Entscheidungen treffen
6. dann kann es viel Spaß machen / selbstständig arbeiten

b) Lesen Sie die Fragen und schreiben Sie mit den Satzanfängen je eine Antwort.

1. Hätten Sie Lust, selbst ein Unternehmen zu gründen? Was für eins?
2. Wie wäre es möglich, das eigene Unternehmen zu finanzieren?
3. Haben Sie schon mal versucht, eine Firma zu gründen oder zu leiten?
4. Mit welchem Schritt würden Sie beginnen, ihr Unternehmen aufzubauen?
5. Finden Sie es richtig, einen Kredit für das Unternehmen aufzunehmen?

Ich hätte Lust, ein/e/en ...
Es wäre möglich, einen ...
Ich habe (nie) versucht, ...
Ich würde damit beginnen, ...
Ich finde es (nicht) richtig, ... Denn ...

10 **Mit oder ohne *zu*? Ergänzen Sie *zu*, wenn nötig.**

Pavel, Maria und Kazushi haben die Aufgabe, einen Ausflug
mit ihrem Deutschkurs in Berlin _____ organisieren.
Sie überlegen, was man zusammen _____ machen könnte.
Was würde allen Spaß _____ machen?

Maria:	Meint ihr, es wäre nett, ins Museum _____ gehen?
Pavel:	Schon, aber bei dem schönen Wetter würden sich die Leute auch freuen, draußen _____ sein.
Kazushi:	Wir sollten versuchen, beide Aktivitäten _____ kombinieren. Ich überlege zum Beispiel, den Reichstag _____ besichtigen oder nach Potsdam _____ fahren.
Maria:	Wir könnten eine Fahrt mit dem Schiff durch die City _____ machen.
Pavel:	Oh, das ist eine tolle Idee. So wäre es möglich, gleichzeitig Sehenswürdigkeiten _____ sehen, etwas über die Geschichte der Stadt _____ lernen und auch viel Zeit an an der frischen Luft _____ verbringen.
Kazushi:	Ja genau, so machen wir das! Hättet ihr Lust, danach noch ins Kino _____ gehen?
Maria:	Ich habe nichts dagegen, ins Kino _____ gehen, aber vorher muss man _____ wissen, welcher Film läuft. Es nervt mich, mir Horror- oder Actionfilme an _____ sehen.
Kazushi:	Wieso? Es ist doch toll, einen spannenden Abend _____ verbringen.
Pavel:	Es ist wichtig, einen Film aus _____ wählen, der allen gefällt. Im Moment soll eine nette Komödie _____ laufen.
Maria:	Super, dann müssen wir jetzt nur noch alles mit den anderen _____ besprechen.

Lesen

11 „Für viele war ich das Geld-Schwein".
a) Lesen Sie das Interview. Ist Herr Rabeder heute glücklicher?

Sie haben gelesen, dass Karl Rabeder früher sehr reich war. Dann begann er, sich von seinem Besitz zu trennen. Er verloste seine Villa und verkaufte seinen Besitz. Das Geld bekam sein Verein *MyMicroCredit*. Heute lebt er in einem 19-Quadratmeter-Häuschen in den Bergen. Im Interview erzählt er, wie es ihm nun geht.

Spiegel online: Herr Rabeder, ist Ihr neues Leben wirklich so toll, wie Sie es sich vorgestellt haben?

Karl Rabeder: Nein, besser. Vor knapp einem Jahr hat man ein Foto von mir gemacht, wie ich vor meiner Villa stehe. Wenn Sie sich das heute ansehen, fallen zwei Dinge auf: Ich sehe auf dem Foto mindestens zehn Jahre älter, traurig und müde aus.

Spiegel online: Der Abschied vom Geld hat Sie jünger und glücklicher gemacht?

Karl Rabeder: Ich lebe jetzt das, was für mich wirklich wichtig ist.

Spiegel online: Und was ist das?

Karl Rabeder: Zeit für sich zu haben und interessanten Menschen zu begegnen. Früher war es schwierig, mit Menschen, die nicht so viel Geld hatten, in Kontakt zu kommen. Für sie war ich ein „Geld-Schwein". [...]

Spiegel online: Wie sieht heute ein normaler Tag bei Ihnen aus?

Karl Rabeder: Den gibt es nicht. Wenn ich ein Seminar gebe, ist der Tag natürlich organisiert. Aber an den anderen Tagen ist es tatsächlich so, dass ich einfach wach werde, wenn mein Körper wach wird. Dann höre ich in mich hinein und frage mich, wozu ich Lust habe. Meistens beginne ich den Tag mit Qigong*. Manchmal kann es sein, dass ich einfach zehn Stunden lang schreibe, weil ich gerade so viele Ideen habe. Wenn ich unproduktiv bin, gehe ich in die Berge, auch wenn ich eigentlich einen Abgabetermin einhalten sollte.

Spiegel online: Glauben Sie, dass man mit Geld nicht glücklich sein kann?

Karl Rabeder: Ich glaube, dass es andersherum richtig ist: Wenn man glücklich ist, braucht man kein oder nur wenig Geld. Es gibt eine Übung, die ich auch in meinen Seminaren gerne mache: Schreiben Sie die zehn für Sie wichtigsten Werte auf, und schreiben Sie die Summe in Euro dazu, die Sie dafür brauchen. So sieht man, dass die wichtigsten Dinge im Leben gar keine Dinge sind und dass man sie auch nicht kaufen kann. Ich erlaube mir jetzt, meine Werteliste von oben nach unten zu leben.

* das Qigong = eine asiatische Gymnastik

nach: http://www.spiegel.de/panorama/ex-millionaer-rabeder-fuer-viele-war-ich-das-geld-schwein-a-794458.html

b) Lesen Sie den Text noch einmal. Was ist neu im Leben von Herrn Rabeder? Markieren Sie im Text und machen Sie Stichwörter.

– er lebt in einem kleinen Haus in den Bergen

Kommunikation

12 Meine persönliche Werteliste. Lesen Sie noch einmal, welche Übung Herr Rabeder in seinem Seminar macht. Schreiben Sie Ihre Werteliste.

– eine gesunde Familie
– ...

13 Braucht man Geld zum Glücklichsein? Sollten reiche Menschen ihr Geld für soziale Projekte spenden? Wählen Sie vier Aussagen aus. Notieren Sie zu jeder Aussage Sätze, die Ihre Meinung ausdrücken. Begründen Sie diese auch mit *weil*- Sätzen.

– Besitz macht unfrei. / Geld macht frei.
– Arme Menschen können (nicht) genauso glücklich sein wie reiche.
– Reiche Menschen sollten ihren ganzen Besitz weggeben, wenn sie glücklich werden wollen. / Reiche Menschen haben oft hart für ihr Geld gearbeitet. Sie können damit machen, was sie wollen.
– Reiche Menschen sollen darüber nachdenken, wie sie anderen helfen können.
– Wenn man seinen Reichtum nicht mit anderen Menschen teilt, hat man keine Freude.

Das sehe ich auch so.	Das finde ich nicht.
Das ist auch meine Meinung.	Das ist doch Unsinn.
Sehr richtig!	Ich bin anderer Meinung, weil ...
Das stimmt, weil ...	Das stimmt (überhaupt) nicht. Denn ...
Ja, so ist es.	Nein, das kann man so nicht sehen.

14 Max und Sabine diskutieren: „Soll man seine Meinung immer direkt sagen?"
a) Lesen Sie die Rollenkarten und schreiben Sie einen Dialog.

Sabine
– lieber gleich alles sagen, was man denkt
– aber wichtig, die anderen über seine Meinung zu informieren
– weil – ehrlich sein
– wenigstens – der Ärger dann weg
– was – vorschlagen?

Max
– damit kann man jemanden traurig machen
– warum so wichtig?
– nur wichtig, wenn sich etwas ändert
– aber dann, der/die andere sich ärgern
– von der Situation abhängen

b) Und was denken Sie? Schreiben Sie einen Text (100 Wörter).

15 In Ihrer Straße gibt es ein Lärmproblem. Schreiben Sie einen Brief an das Bürgeramt. Nutzen Sie diese Punkte.

– Sie wohnen Bundesallee / Ecke Hauptstraße
– es gibt sehr viel Verkehr – es ist viel zu laut
– auch nachts: niemand kann ruhig schlafen
– das macht krank
– Sie fordern ein Tempolimit[1]

1 das Tempolimit = die Autos dürfen z. B. nur noch 30 km/h fahren

Lesen, Teil 3

Der Prüfungsteil Lesen des DTZ besteht aus fünf Teilen. In Ja genau! *haben Sie schon viele Aufgaben und Übungen gemacht, die diesen Teilen entsprechen. Hier können Sie noch einmal Teil 3 üben, die Teile 4 und 5 üben Sie auf den Seiten 48–49.*

Lesen Sie die drei Texte. Zu jedem Text gibt es zwei Aufgaben. Entscheiden Sie bei jedem Text, ob die Aussage richtig oder falsch ist und welche Antwort (a, b oder c) am besten passt. Markieren Sie Ihre Lösungen für die Aufgaben 31–36 auf dem Antwortbogen.

Diese Schritte helfen Ihnen:
1. Lesen Sie die Sätze in den Aufgaben genau und unterstreichen Sie wichtige Wörter. Sie müssen die Aussagen gut verstehen, damit Sie die Informationen im Text schnell finden.
2. Lesen Sie den Text schnell. Wo finden Sie Informationen, um die Aufgabe zu lösen? Markieren Sie sie und schreiben Sie die Aufgabennummer dazu.
3. Vergleichen Sie die markierten Stellen im Text mit den Aussagen.
4. Markieren Sie die Lösung im Antwortbogen.

Mentoren begleiten Migranten

OFFENBURG. Das Projekt „Brücken bauen: Mentoren für Migranten" besteht seit einem halben Jahr und wurde jetzt den Mitgliedern des Integrationsausschusses vorgestellt. Zwölf Paare haben sich inzwischen gefunden, die sich bis zu einmal pro Woche treffen. Dabei geht es weniger um gemeinsame Behördengänge oder das Ausfüllen von Formularen. Einheimische oder Migranten, die sich mittlerweile im Ort und der deutschen Sprache zu Hause fühlen, treffen auf Menschen, die sich erst noch einleben müssen. Ziel ist es, den Kontakt ins deutsche Umfeld zu erhöhen. Bei den Treffen steht der Austausch in der deutschen Sprache im Mittelpunkt. Es geht um sinnvolle Freizeitgestaltung oder auch konkrete Fragen zur Schulsituation.

60 Prozent der Migranten stammen aus der ehemaligen Sowjetunion, die anderen kommen zum Beispiel aus Algerien oder Ägypten. Sie haben Deutschkurse am Institut für deutsche Sprache in Offenburg belegt und wollen die Chance nutzen, ihre Sprachkenntnisse anzuwenden und Land und Leute besser kennen zu lernen.

Die Mentoren arbeiten ehrenamtlich und erhalten eine Aufwandsentschädigung. Außerdem müssen die Projektleiter und die Infrastruktur finanziert werden. 60 Prozent der Kosten bezahlt das Ministerium für Integration, die restlichen 40 Prozent kommen vom Institut für deutsche Sprache.

Der Integrationsausschuss bewertet das Angebot als ein sehr vielversprechendes und zukunftsweisendes Projekt. „Das ist richtig super", sagte eine Teilnehmerin.

31 Das Projekt „Mentoren für Migranten" möchte, dass Zuwanderer von Anfang an Kontakt zu Deutschen haben und die neue Sprache sprechen.
richtig / falsch

32 Bei dem Projekt
a) bekommen Zuwanderer einen deutschen Partner oder eine deutsche Partnerin.
b) wird Deutsch gesprochen.
c) bekommen die Mentoren kein Geld für ihren Einsatz.

Liebe Eltern,

am Samstag, den 12. Juni feiert die Hermann-Gmeiner-Schule ihren „Tag der offenen Tür".

Wir möchten, dass sich unsere Besucher willkommen fühlen. Deshalb hat jede Klasse etwas vorbereitet. Es gibt Stände mit vielen Spielen, eine Verlosung, verschiedene Ausstellungen in den Klassenräumen und als besonderer Höhepunkt das Kulturprogramm in der Aula:

14:00: der Schulchor singt beliebte Songs aus den 80ern
15:00: die Theatergruppe zeigt „Der kleine Muck"
16:30: die AG Tanzen zeigt: Tänze aus aller Welt

Natürlich gibt es auch verschiedene Essensstände und Getränke. Die Kuchentheke bittet noch um Spenden. Wenn Sie einen Kuchen mitbringen, geben Sie ihn bitte im Raum C31 ab.

Wir freuen uns auf Ihr zahlreiches Erscheinen!

33 Die Schule feiert ein Fest, weil sie endlich neue Türen hat.
richtig / falsch

34 Die Eltern ...
a) sollen Bilder malen und sie ausstellen.
b) können sich in der Aula verschiedene Aufführungen ansehen.
c) sollen Kuchen verkaufen.

Liebe Mieter,

immer wieder beschweren sich Mieter über den Zustand des Hofs. Neben den Mülltonnen liegen oft Abfälle und kaputtes Glas. Das ist besonders gefährlich, weil im Hof auch Kinder spielen. Außerdem sind häufig so viele Fahrräder im Hof abgestellt, dass der Durchgang zum Seiteneingang behindert wird.
Wir bitten Sie dringend, darauf zu achten, den Müll ordnungsgemäß in die dafür vorgesehenen Tonnen zu entsorgen und nichts neben die Mülltonnen abzulegen.
Bitte stellen Sie Ihre Fahrräder in den Fahrradkeller. Der Ständer im Hof ist nur für Besucher gedacht.
Wir haben eine Reinigungsfirma beauftragt, die am 28. September den Hof aufräumt. Die Kosten verteilen wir auf alle Mieter. Bitte halten Sie sich an die Regeln, damit in Zukunft solche Mehrkosten vermieden werden können.

Vielen Dank für Ihr Verständnis.

35 Der Hof ist dreckig und es stehen zu viele Fahrräder rum.
richtig / falsch

36 Die Mieter sollen
a) ihren Abfall ordentlich in die Tonnen werfen.
b) ihre Fahrräder in den Fahrradständer stellen.
c) am 28. September den Hof aufräumen.

Teil 3		
31. ☐ richtig		☐ falsch
32. ☐ a	☐ b	☐ c
33. ☐ richtig		☐ falsch
34. ☐ a	☐ b	☐ c
35. ☐ richtig		☐ falsch
36. ☐ a	☐ b	☐ c

Klima und Umwelt

Wortschatz

1 „Ich wär so gern ein Klimaheld!" Was kann man tun? Verbinden Sie die Wörter und machen Sie ein Wörternetz.

abdecken • analysieren • ausschalten • auf ... achten • sich für ... begeistern • sich für ... engagieren • trennen • sparen • toasten • weniger heizen • auf ... verzichten

der Strom • die Töpfe • der tägliche Wasserverbrauch • die Stand-by-Funktion • der Klimaschutz • kein Brot • das Auto • die Umweltschutzprojekte • der Abfall • im Winter

Strom sparen

den Abfall trennen

2 Ein Picknick auf dem Berg. Ordnen Sie die Bilder und ergänzen Sie den Text. Unten finden Sie Hilfe.

A   B   C   D

Liebes Tagebuch,

gestern wollten wir ein _____[1] machen. Morgens sind wir erst einmal in den Supermarkt

gefahren, eigentlich brauchten wir nicht viel, aber es wurde ein _____[2].

Ich habe einen Nudelsalat gemacht und Ulli hat Wurstbrote in _____[3] eingepackt.

Dann ging es endlich los. Bis wir auf dem Wanderweg waren, war es schon Mittag und die Temperatur

_____[4] auf fast 30 Grad. Dann waren wir oben, aber plötzlich _____[5] sich

das Wetter: Immer mehr Wolken _____[6] am Himmel und ich begann, ganz schrecklich

zu _____[7]. Es war <u>unglaublich</u>[8]! Wir fanden es besser, auf den Salat zu

_____[9] und lieber schnell zurückzugehen. Im Radio hatten sie nämlich noch auf die

Gefahren in den Bergen bei einem Wetterwechsel _____[10]. Ich hatte ganz schön

_____[11], aber das habe ich Ulli gegenüber natürlich nicht _____[12]. Aber alles

ging _____[13] und abends waren wir wieder zu Hause. Leider konnten wir den Salat nicht

mehr essen, er war in der ganzen Tasche verteilt, denn ich hatte vergessen, ihn _____[14].

steigen • unglaublich • verzichten (auf) • zugeben

abdecken • sich ändern • entstehen • die Folie • frieren • der Großeinkauf • gut (gehen) • hinweisen (auf) • die Panik • das Picknick

Grammatik

3 „Stop talking, start planting!" Das ist das Motto von „Plant for the planet".
Wie ist diese Initiative entstanden?
a) Wozu? Schreiben Sie *um ... zu*-Sätze wie im Beispiel.

Beispiel:
Viele Kinder machen bei „Plant for the planet" mit. Sie wollen etwas für ihre Erde tun.
↣ Viele Kinder machen bei „Plant for the planet" mit, um etwas für ihre Erde zu tun.

1. 2007 hatte der Schüler Felix Finkbeiner ein Referat* über den Klimawandel gehalten.
   Er wollte eine gute Note bekommen.
2. Er hatte das Thema gewählt, weil er das Interesse für den Umweltschutz in seiner Klasse
   steigern wollte.
3. Er hatte eine Idee. Er wollte etwas gegen die hohe CO_2-Belastung tun.
4. Kinder sollen in jedem Land eine Million Bäume pflanzen. Die Bäume binden das CO_2
   aus der Luft und das Klima verbessert sich.
5. Kinder aus der ganzen Welt wollen mitmachen. Sie wollen etwas für die Umwelt tun.
6. Im Internet gibt es einen Baumzähler. So kann man sehen, wie viele neue Bäume es schon
   gibt.
7. Denn Menschen in aller Welt müssen insgesamt 1000 Milliarden Bäume pflanzen. Dann
   wäre das Ziel von „Plant for the planet" erreicht.

* ein Referat halten = etwas zu einem Thema erzählen / etwas präsentieren

b) Lesen Sie den Informationstext. Was ist besonders an der Initiative „Plant for the planet"?
Kreuzen Sie an.

a) ☐ Die Gruppe gibt es schon seit über 40 Jahren.
b) ☐ Die Initiative ist von Kindern für Kinder gemacht.

Felix Finkbeiner hatte die Idee zu seiner Aktion, nachdem er von
Wangari Maathai gehört hatte. Die 2011 verstorbene Kenianerin
bekam 2004 den Friedensnobelpreis, denn sie hat sich ihr Leben
lang für Demokratie, die Menschenrechte und auch für den
Umweltschutz in Afrika engagiert. 1977 gründete sie die Umwelt-
schutzbewegung „Grüner Gürtel", die 30 Millionen Bäume in Afrika pflanzte und die weltweit viele Unterstützer und Nachahmer gefunden hat – so auch die Kinder-Umweltschutz-
Aktion „Plant for the Planet.", die mit dem Referat von Felix Finkbeiner ihren Anfang nahm.
www.plant-for-the-planet.org

4 Tipps mit *um ... zu*. Schreiben Sie Sätze wie im Beispiel.

Beispiel:
Ihr Brot nur sonntags toasten / Strom sparen.
↣ Toasten Sie Ihr Brot nur sonntags, um Strom zu sparen.

1. einen Baum im Garten pflanzen / mehr CO_2 binden
2. nur heizen, wenn zu Hause sein / weniger Öl verbrauchen
3. immer das Licht ausschalten, wenn ausgehen / Energie sparen
4. den Stromanbieter wechseln / keinen Atomstrom mehr nutzen

5 Nein? Warum dann? Sätze mit *um ... zu* und *nicht*. Kombinieren Sie wie im Beispiel.

Beispiel:
Wir / leben / nur – arbeiten ☛ Wir leben **nicht** nur, um zu arbeiten. Wir wollen (auch) Spaß haben.

1. Max / Fahrrad fahren / nur – sich wohl fühlen
2. Rita / ihre Zeitungen sammeln – die anderen informieren
3. Irina und Thomas / die Kerzen anzünden – Geld sparen
4. die Journalisten / über das Klima berichten – Panik machen
5. Elena und Matt / auf ein Auto verzichten – die Umwelt schützen
6. viele Deutsche / ihren Abfall trennen – Spaß haben
7. wir / auf den Balkon / den Biomüll / stellen – die Nachbarn ärgern

6 Was sind Umweltprobleme?
a) Akkusativ oder Dativ? Ergänzen Sie das Relativpronomen.

1. Menschen, ___denen___ Trinkwasser fehlt.

2. Tiere und Pflanzen, _____ wir den Raum zum Leben nehmen.

3. Das Meer, _____ wir nicht schützen können.

4. Der Eisbär, _____ das Eis fehlt.

5. Der Abfall, _____ wir einfach in die Umwelt werfen.

6. Die Wälder, _____ wir täglich tausende Bäume wegnehmen.

7. Die Autos, _____ wir täglich fahren.

8. Die Erde, _____ wir zu wenig zurückgeben.

b) ... und jetzt mit Präposition! Schreiben Sie die Sätze um.

1. Menschen / es ist für sie schwer / an Wasser zu kommen
2. Tiere und Pflanzen / es gibt für sie keinen Lebensraum mehr
3. das Meer / es fließen Millionen Liter Öl hinein
4. die Eisberge / der Eisbär träumt von ihnen
5. der Abfall / wir gehen zu sorglos mit ihm um
6. die Wälder / es gibt von ihnen immer weniger
7. die Autos / wir wollen nicht auf sie verzichten
8. die Erde / wir hängen alle von ihr ab

1. Menschen, für die es schwer ist, an Wasser zu kommen.

7 Das intelligente Haus. Verbinden Sie die Sätze. Ergänzen Sie die richtige Präposition und das richtige Relativpronomen. Unten finden Sie Hilfe.

Das intelligente Haus weiß, wann der Strom am billigsten ist. Das Konzept folgt einer Idee, _für_ _____[1] sich auch die Stromanbieter begeistern können. Die Steckdosen und Schalter bekommen einen Minicomputer, _____ _____[2] man alle Geräte im Haus steuern kann. Morgens geht man ins Bad und das Wasser hat pünktlich die richtige Temperatur. Der Bewohner duscht und in der Küche, _____ _____[3] das heiße Wasser parallel genutzt werden kann, ist die Kaffeemaschine schon für den Gebrauch vorbereitet. Wenn man abends zum Fernsehen ins Wohnzimmer geht, _____ _____[4] dann nur das gemütliche Abendlicht leuchtet, schalten sich die Geräte in den anderen Räumen automatisch aus. Aber die Waschmaschine im Keller geht an, denn nun läuft sie mit Strom, _____ _____[5] man nachts viel weniger bezahlt. Die Minicomputer, _____ _____[6] es so viele wie möglich gibt, sind verbunden und „reden" miteinander oder bekommen Signale aus dem Internet. So kann man den Strom, _____ _____[7] wir oft so leichtsinnig umgehen, viel effektiver nutzen. Diese Technik, _____ _____[8] jeder Haushalt bis zu 30 Prozent Strom sparen soll, kann man vielleicht schon bald kaufen. Aber vorher will man in ca. 600 Häusern diese Chips, _____ _____[9] das Haus intelligent werden soll, die neue Technik testen. Dann weiß man, ob die Idee gut ist oder ob sie den Bewohnern eher das Gefühl gibt, dass die Geräte plötzlich ihr eigenes Leben führen.

sich begeistern für ... (Akk.) • bezahlen für ... (Akk.) • etwas steuern mit ... (Dativ) • umgehen mit ... (Dativ)

8 Wie geht der Satz weiter? Lesen Sie die Texte auf Seite 41 im Kursbuch. Dann schreiben Sie Sätze wie im Beispiel.

ohne Präposition
1. die Gletscher auf der Zugspitze – schmelzen jedes Jahr etwas schneller – ...
2. Martin Nabert – fährt gerne Ski – ...
3. die Gletscherabdeckung – schützt den Schnee – ...
4. das Zugspitzplatt – ist ein beliebtes Skigebiet – ...

1. Die Gletscher auf der Zugspitze, die jedes Jahr etwas schneller schmelzen, bekommen einen Schutz aus Folien.

mit Präposition:
5. in den Winterferien – viele Touristen freuen sich auf sie – ...
6. einige Touristen – ein Reporter hat mit ihnen geredet – ...
7. aber der Klimaschutz – Umweltschützer engagieren sich für ihn – ...

Lesen

9 Vor dem Lesen. Was passt zusammen? Verbinden Sie.

1. der Rhein
2. die Industrialisierung
3. der Zweite Weltkrieg
4. die Katastrophe
5. giftig
6. die Qualität
7. der Lachs

a) etwas ist gefährlich, schlecht für die Gesundheit
b) ein großes Unglück
c) wenn sie hoch ist, ist etwas sehr gut
d) ein großer Krieg (1939–1945)
e) ein Fisch
f) längster Fluss in Deutschland
g) Zeit, in der viele Fabriken entstanden

Deutschlands längster Fluss, der Rhein, über den es so viele Lieder, Gedichte, Märchen und Geschichten gibt, hatte in den letzten beiden Jahrhunderten große Probleme. Denn mit der
5 Industrialisierung wurde die Wasserqualität immer schlechter. Nach dem Zweiten Weltkrieg konnte sich der Fluss etwas erholen, weil die Wirtschaft erst einmal stillstand. So gab es im Jahr 1951 42 verschiedene Fischarten im Fluss,
10 denn das Wasser war viel sauberer. In den 50er Jahren verbesserte sich die wirtschaftliche Lage in Deutschland. Das wichtigste Ziel in dieser Zeit war es, den Menschen im Land wieder Arbeit und Hoffnung auf eine bessere Zukunft
15 zu geben. An die Umwelt und ihren Schutz dachte man damals fast gar nicht. Man hat alle Abfälle einfach in den Rhein fließen lassen. 1969 kam es dann zur Katastrophe: Ein sehr giftiger Stoff sorgte dafür, dass über 40 Millio-
20 nen Fische starben.
In den 70er Jahren begann man, dies zu ändern. Neue Gesetze sorgten dafür, dass man die Abwässer aus den Fabriken erst reinigen musste, bevor sie in den Rhein flossen. In den 80er-

25 Jahren zeigten sich erste Erfolge: das Wasser war wieder sauberer und einige Fischarten kehrten in den Rhein zurück. 1986 mussten aber wieder viele Fische sterben, weil nach einem Feuer in einer Chemiefabrik giftiges
30 Wasser in den Fluss kam. Deshalb begannen die Länder, die am Rhein liegen, konsequent und systematisch zusammenzuarbeiten, um die Wasserqualität im Rhein für die Zukunft zu verbessern. Das hatte auch Erfolg. Schon in den
35 90er Jahren kamen Lachse in den Rhein zurück – Fische, die nur im sauberen Wasser leben können. Im Jahr 2000 konnte man 43 verschiedene Fischarten im Rhein zählen.
Das liegt vor allem auch an dem Engagement
40 von vielen Umweltschutzinitiativen, wie z. B. dem BUND*, die immer wieder auf die Probleme aufmerksam gemacht haben. Auch heute noch ist es wichtig, für einen sauberen Rhein zu kämpfen. Denn noch immer landen viele
45 Medikamente und z. B. das Kühlwasser von Atomkraftwerken im Rhein. Deshalb sollte man auch heute noch
50 keine Fische aus dem Rhein essen oder in dem Fluss baden, auch wenn es seit 1998 nicht mehr verboten ist.

* BUND: Bund für Umwelt- und Naturschutz in Deutschland

10 Wie ging es dem Rhein wann? Lesen Sie den Text und notieren Sie Stichpunkte.

19.–20. Jhd.: *viele Fabriken*   1986: _____

1951: _____   1998: _____

1969: _____   2000: _____

1980–1985: _____   _____

11 Lesen Sie noch einmal: richtig oder falsch oder nicht im Text? Kreuzen Sie an.

	richtig	falsch	nicht im Text
1. Am Rhein gibt es erst seit 1969 viele Fabriken.	☐	☐	☐
2. Nach dem Krieg waren viele Fabriken kaputt.	☐	☐	☐
3. Deshalb war das Wasser noch schmutziger als vorher.	☐	☐	☐
4. 1963 gab es die erste Demonstration für einen sauberen Rhein.	☐	☐	☐
5. Weil so viele tote Fische zum Himmel stanken, begann man, über neue Gesetze nachzudenken.	☐	☐	☐
6. Zum Beispiel darf kein ungereinigtes Wasser mehr aus den Fabriken in den Rhein fließen.	☐	☐	☐
7. Wenn sich eine Firma nicht daran hält, muss sie hohe Strafen zahlen.	☐	☐	☐
8. Mehrere Länder arbeiten seit Mitte der 80er-Jahre zusammen, um sich um den Rhein zu kümmern.	☐	☐	☐
9. Heute gibt es in dem Fluss wieder viele verschiedene Fische.	☐	☐	☐
10. Das Wasser ist wieder komplett sauber.	☐	☐	☐

Kommunikation

12 Was für ein Wetter! Beschreiben Sie die Fotos.

13 Ihre Meinung ist gefragt. Lesen Sie die Sätze aus Übung 3 und den Aufruf von Felix Finkbeiner. Äußern Sie Ihre Meinung schriftlich. Die Punkte unten helfen.

Felix erklärte im Fernsehen: „Wenn jeder Mensch in der Welt 150 Bäume pflanzt, haben wir bis 2020 eine Billion neue Bäume. Allein in den USA mit ihren 313 Millionen US-Bürgern wären es zum Beispiel 50 Milliarden Bäume. Pflanzen auch Sie Ihren Teil! Spenden Sie 20 Euro für 20 Bäume!"

☺   ☹

– Bäume binden CO_2
– das Klima braucht Wälder
– so kann jede/r etwas tun
– toll: weltweite Aktion
– Felix F. ist noch ein Kind, aber er begeistert viele Menschen für das Projekt

– 20 Euro – viel Geld
– Bäume allein retten das Klima nicht
– es gibt gar nicht so viel Platz
– die Industrie und Politik soll etwas tun
– Felix F. will nur berühmt werden

14 Antworten Sie schriftlich auf die Fragen.

1. Für was für ein Umweltschutzprojekt könnten Sie sich begeistern?
2. Einige „Klimahelden" sammeln die Abfälle aus den Supermärkten, weil sie nicht wollen, dass so viele Lebensmittel auf dem Müll landen. Wie ist Ihre Meinung dazu?
3. Fast jeder tut etwas, von dem er/sie weiß, dass es nicht gut ist für die Umwelt. Was würden Sie nur ungern ändern und warum?

Aktuell und kulturell

Wortschatz

1 Kulturelles. Ordnen Sie die Aussagen den Fotos zu. Zu welcher gibt es kein Foto?

1. „Die Aufführung war ein voller Erfolg. Besonders unsere Rike hat toll gespielt. Also, ich war begeistert!"

2. „Danach hatten die Besucher noch eine halbe Stunde lang Gelegenheit, der Autorin Fragen zu ihrem Roman zu stellen."

3. Siegerin in diesem Jahr ist die 15-jährige Schülerin Rebecca Mai. Sie interessierte sich schon als kleines Mädchen für Technik und hat ...

4. Das Publikum nahm die neue Sendung nicht an. Nicht einmal eine Million Zuschauer wollten sie sehen. Deshalb ist es offen, ob sie ...

5. „Eine Katastrophe! Es hat die ganze Zeit geregnet und manche Bands haben nicht einmal live gespielt."

2 Ordnen Sie die Wörter den Kategorien zu und ergänzen Sie weitere. Manchmal gibt es mehrere Möglichkeiten.

aktuell • auftreten • die Automesse • die Band • der Erfolg • die Geräte • grillen • die Medaille • das Musical • die Panne • das Publikum • der Schlafsack • schwitzen • der/die Sieger/in • das Team • verlieren • die Wissenschaft • die Zahnbürste • das Zelt

Kultur	Sport	Technik	Camping

3 Der Kulturverein. Ordnen Sie die richtigen Satzteile zu und beenden Sie die Sätze.

Informationsblatt – Kulturklub Euskirchen e.V.
Sie interessieren sich ...
Sie suchen eine Gelegenheit, ...
Dann informieren Sie sich ...
Auf unserer Website berichten wir monatlich
über alle ...
Alle Termine finden Sie ...
Haben Sie vielleicht auch interessante Vorschläge?
Dann laden wir Sie herzlich zu unserem Treffen ein.
Wir freuen uns immer ... und bedanken uns herzlich ...

– über unser kulturelles Angebot.
– öfters auszugehen?
– Ausstellungen und Aufführungen.
– über frische Ideen
– im aktuellen Programm.
– für Kultur und Kunst?
– für Ihr Interesse!

4 Frau Kraska hat dem Verein geschrieben. Lesen Sie die Antwort und kreuzen Sie je das richtige Wort an.

Sehr geehrte Frau Kraska,

wir bedanken uns ☐ dafür ☐ wofür, dass Sie Mitglied in unserem Verein werden möchten.

Bei dieser ☐ Gelegenheit ☐ diesem Augenblick möchten wir Sie gleich auf einen kulturellen Höhepunkt in diesem Monat ☐ hinweisen ☐ berichten: Für Sie als Mitglied gibt es noch Karten für die Premiere der Zauberflöte am 30. Juni!

Oder möchten Sie das Wochenende lieber zusammen mit netten Menschen in ☐ der Natur ☐ der Technik genießen? Seit neuestem organisieren wir auch ☐ Camping- ☐ campen-Ausflüge zu den schönsten Plätzen in Westfalen.

Alle ☐ kulturellen ☐ aktuellen Termine für Kultur und Sport finden auf unserer Website.

Mit freundlichen Grüßen
Peter Heinemann
Kulturklub Euskirchen e. V.

5 Die Buchmesse. Ein Veranstalter erzählt. Welches Wort passt? Ergänzen Sie.

Willkommen bei der
Buchmesse in Köln
20.04.–27.04.2012

*Literatur, Bildung,
Fachbücher und Belletristik*

mehrmals • sonst • völlig • wenigstens

Wir waren mit dem Ergebnis _____[1] zufrieden. Die

Besucher haben insgesamt circa 8.000 Bücher gekauft. Unser Ziel,

10.000 verkaufte Exemplare, haben wir zwar nicht ganz erreicht, aber es

waren _____[2] mehr als im letzten Jahr. Wir haben auch

_____[3] Besuch vom Fernsehen bekommen. Das ist beson-

ders schön, denn _____[4] war das Interesse eher gering.

Grammatik

6 Zehn Fragen zum Wochenende. Die *Bunte Post* fragt, ein Schauspieler antwortet. Lesen Sie die Antworten und notieren Sie die Frage.

Bunte Post: 1.   *Wovon träumen Sie?* _____
Schauspieler: Ich träume von einem großen Auftritt mit meiner Band.

Bunte Post: 2. _____
Schauspieler: Ich spreche am liebsten über mein Hobby – die Musik.

Bunte Post: 3. _____
Schauspieler: Ich interessiere mich auch sehr für Wissenschaft und Technik.

Bunte Post: 4. _____
Schauspieler: Ich denke oft daran, wie ich meine Ziele erreichen kann.

Bunte Post: 5. _____
Schauspieler: Nach einem Dreh freue ich mich am meisten auf meine Familie.

Bunte Post: 6. _____
Schauspieler: Bei meinen Eltern würde ich mich vor allem für ihre Unterstützung bedanken.

Bunte Post: 7. _____
Schauspieler: Am meisten ärgere ich mich über Ungerechtigkeit.

Bunte Post: 8. _____
Schauspieler: Mein Erfolg hängt vor allem vom Publikum und von meiner Arbeit ab.

Bunte Post: 9. _____
Schauspieler: Ich achte bei meiner Arbeit immer darauf, dass ich ruhig bleibe.

Bunte Post: 10. _____
Schauspieler: Ich kann mich immer wieder für ein neues spannendes Projekt begeistern.

7 Nachfragen. Ergänzen Sie das Pronominaladverb.

Bar jeder Vernunft
Schaperstr 24 (U-Spichernstr.)
10719 Berlin

CABARET - DAS MUSICAL
Regie: Vincent Paterson

INNENBEREICH
Tisch 50

Inklusive Gebühren
EUR 43,60   Ticketgebühr EUR 0,50
Early Bird 20

017   Mittwoch   Einlass und Restauration ab
09.01.06 12:20   8.Mär.12   18.30 Uhr. Es spielt die
  20.00 Uhr   jeweils am Abend
  bekanntgegebene Besetzung.

1. ◦ Habt ihr schon *darüber* gesprochen, wie das Musical war?

   ▪ Wie bitte, _____?

   ◦ Über das Musical!

   ▪ Ach so, _____. Nein, haben wir nicht.

2. ◦ Haben Sie sich schon bei Frau Burkhard bedankt?

   ▪ Bedankt? _____?

   ◦ Zum Beispiel _____, dass sie schon mehrmals Überstunden gemacht hat.

   ▪ Warum soll ich mich bei ihr _____ bedanken? Sie bekommt das doch bezahlt.

   ◦ Unglaublich!

3. Maria hält nichts _____, einen Campingurlaub zu machen. Im Sommer freut sie sich mehr _____, in einem schönen Haus zu wohnen. Sie möchte nicht jeden Abend _____ denken, wie das Wetter am nächsten Tag wird.

8 Ein Gespräch über das Fernsehen. Nutzen Sie die Verben und schreiben Sie *dass*-Sätze wie im Beispiel.

sich unterhalten über • sich aufregen über • diskutieren über • streiten über • sich freuen über • sprechen über

Das Fernsehen ist heute eine wichtige Freizeitbeschäftigung.

Es gibt so selten interessante Sendungen.

Es sollte weniger Kriegs- und Horrorfilme geben.

Hat sich das Fernsehen in den letzten 20 Jahren verändert?

Fernsehen könnte die Bildung besser unterstützen.

Es gibt immer mehr verschiedene Sender mit besseren Programmen.

Wir haben uns darüber unterhalten, dass das Fernsehen heute eine wichtige Freizeitbeschäftigung ist.

9 Ein Ausflug mit dem Verein. Lesen Sie den Text und entscheiden Sie, welches Wort (a, b oder c) in die Lücken (1–6) passt. Kreuzen Sie an.

Sehr geehrte Mitglieder,

auch __1__ Jahr machen wir wieder zu Ostern einen Ausflug in __2__ Natur. Es geht an die Müritz, das ist ein wunderschöner See in Mecklenburg-Vorpommern. Bitte nehmen Sie Ihre __3__ und Schlafsäcke mit. Zum __4__ ist es wahrscheinlich noch zu kalt, aber wir freuen __5__ , Sie zu einem __6__ Abend am Lagerfeuer mit Live-Musik einladen zu können. Bitte teilen Sie uns bis __7__ 28. 02. mit, __8__ und mit wie vielen Personen Sie teilnehmen möchten.

__9__ herzlichen Grüßen, Thomas und Rebecca Biesemann

1. a) diesem b) dieses c) dieser   2. a) die   b) dem   c) das

3. a) Zelt   b) zelten c) Zelte   4. a) baden b) Baden c) Bad

5. a) sie   b) euch   c) uns   6. a) romantisch b) romantischer c) romantischen

7. a) zum   b) zur   c) zu   8. a) weil   b) da   c) ob

9. a) mit   b) von   c) viele

Lesen

10 Lesen die Situationen 1–5 und die Anzeigen A– I. Finden Sie für jede Situation die passende Anzeige. Für eine Aufgabe gibt es keine Lösung. Markieren Sie hier ein X.

1. ☐ Sie planen ein Camping-Wochenende und brauchen ein neues Zelt für zwei Personen.
2. ☐ Ihre Tochter heiratet und Sie interessieren sich für Hochzeitskleider und Accessoires.
3. ☐ Sie lieben Flamenco und möchten diesen Tanz selbst lernen.
4. ☐ Ihr Auto ist schon älter und Sie möchten lernen, kleine Reparaturen selbst zu machen.
5. ☐ Sie spielen gern Fußball und suchen ein Team, das jedes Wochenende spielt.

Campingplatz Am See
Urlaub für die ganze Familie –
Stellplätze ab 12 €
Moderne Sanitäranlagen,
Restaurant, Sportprogramm.

A

Flamenco
entdecken Sie Ihr
spanisches Tempe-
rament und lernen
Sie die ersten Schritte – allein
oder mit Partner, jeden Samstag
16 Uhr für 50€/Monat

B

Hochzeitsmesse
Hannover – jede
Menge Tipps, Hoch-
zeitsmode, 100 Aus-
steller und toller
Service!

C

Spanientouren
mit Jutours
Flamenco in Andalu-
sien erleben, spani-
sche Küche genießen
und sich am Strand
erholen! Günstige
Busreisen.

F

Outdoorcenter Trecking
Aktionswoche CAMPING
Zelte in allen Größen, Schlaf-
säcke, u.v.m. zu Sonderpreisen
Königsalle 33

D

Auto Meyer – Tradition,
Qualität und Sicherheit
Reparaturen, schnell und zuverläs-
sig, alle Autotypen. TÜV und ASU.
Bismarckstr. 13, Tel: 664 54 36

E

Fußballverein „Junge
Löwen" sucht einen Trainer
mit Erfahrung.
Bitte schriftlich bewerben:
info@jul-de.

G

Märchenhaft
heiraten: Wir
organisieren und
Sie genießen den
schönsten Tag
in Ihrem Leben.
info@traum-
hochzeit.de

H

Wir brauchen Verstärkung!
Hobbyfußballer
„Flotter Ball" – Wir spielen
jeden Samstag 16 Uhr
im Schlosspark.
Komm einfach vorbei!

I

11 Wie finden Sie diese Sprüche? Wählen Sie mehrere Adjektive aus und begründen Sie Ihre Auswahl.

„Ist das Kunst oder kann das weg?"   „Nur schlechte Nachrichten sind gute Nachrichten."

langweilig • spannend • lustig • interessant • richtig • falsch • aktuell • böse

Kommunikation

12 Beantworten Sie die Fragen aus Aufgabe 6. [📖 32]

Ich träume von …

13 Sie bekommen Besuch und möchten Ihrer Freundin Vorschläge für das Wochenende machen.
a) Lesen Sie das Programm und machen Sie sich Notizen für ein Telefongespräch.

27.	Samstag

Theater

16.00 und 19.30 Fürth
Comödie: „Witwenalarm",
Heißmann & Rassau

19.30 Nürnberg
Staatstheater Opernhaus: „Emilia di
Liverpool", Oper von G. Donizetti
Tafelhalle: „Blutsbrüder",
Willy Russell, Musical

20.30 Nürnberg
Paradies Travestie-Cabaret: „Cine-
Stars … eine Revue rund um den Film"
Theater Salz und Pfeffer: „Die Mause-
falle", Krimiabend mit Agatha Christie

Sonstiges

8.00 Erlangen
Festplatz Hartmannstraße: Trödelmarkt

14.00 Nürnberg
Kinder- und Jugendmuseum: div.
Aktionen: „Finger oder Stäbchen

27.	Sonntag

Musik

15.00 Nürnberg
KUNO, Literaturzentrum Nord:
„Jazz Open Air 10"

17.00 Erlangen
Herz-Jesu-Kirche, Kath. Kirchenplatz:
Sommerkonzert, Kammerorchester
Herz Jesu

20.00 Nürnberg
Eric's Jazzkantine, Georg-Buchner-
Str. 4: Stefan Beyer Trio, Jazz

20.00 Fürth
Kulturforum: „Uuisikuu – Babylonia"

20.00 Erlangen
Neustädter Universitätskirche:
25 Jahre Vocanta Erlanger Chor,
Werke von Bach, Williams, Nystedt u.a.

Theater

11.00 Nürnberg
Staatstheater Opernhaus, Gluck-Saal:
„Staatstheater-Brunch", Gesang, Tanz
und Talk

Sie (Fragen und Vorschläge)
– Interessierst du dich für …?
– Hättest du Lust, am …
– Wir könnten …
– Was hältst du von …?

Ihre Freundin
(Antworten und Vorschläge)
– Ja./Nein, ich mag lieber …
– Gibt es auch …
– Wir könnten doch …– Ja super
Das machen wir!

b) Sie rufen an. Schreiben Sie den Dialog.

14 Einen Ich-Text schreiben. Schreiben Sie einen Text zu diesen Punkten:

Ihr Medienkonsum (Fernsehen, Zeitung …) • Ihre Hobbys und kulturelle Interessen

15 Antworten Sie auf den Brief. Nutzen Sie die Punkte unten.

⬤ ⬤ ⬤

Liebe Mama und Papa,

ich würde euch gern etwas Schönes erzählen, aber leider ist unser Campingurlaub eine Katastrophe. Zuerst haben wir keinen Platz auf dem Campingplatz am See bekommen, weil wir nicht reserviert hatten. Alles war
schon voll! Jetzt sind wir auf einem Campingplatz im Wald – hier ist es viel
zu dunkel! Und es regnet schon seit drei Tagen. Es ist kalt und wir sitzen
fast die ganze Zeit im Zelt. Ich freue mich schon darauf, in einer Woche
nach Hause zu kommen und bei euch gemütlich vor dem Kamin zu sitzen.

Liebe Grüße, Euer Mäuschen

– Sie freuen sich über den Brief.
– Sie haben sich schon Sorgen gemacht.
– Sie schlagen vor, den Urlaub früher zu beenden.

Gut essen

Wortschatz

1 Was passt am besten? Ordnen Sie die Wörter/Wortgruppen zu: a, b, c oder d?

einen Toast mit Honig, bitte • einen Eisbecher mit Früchten • Gemüse klein schneiden • das Futter verteilen • ein Getränk auswählen • das Labor • in Margarine anbraten • eklig • den Nachtisch • die Rinder im Stall • einen gemischten Salat • das Schaf • eine milde Soße • die Speisekarte • das Steak braten • eine scharfe Suppe • die Verpackung • eine Vorspeise • die Ziege schlachten • auf der Zunge brennen

a) produzieren

b) kochen

Essen

c) schmecken

d) bestellen

2 Sagen Sie es anders. Nutzen Sie dafür diese Verben.

ablehnen • sich anfühlen • brennen • herstellen • kleben • starten • vertragen

1. Der Käse wurde in der Schweiz hergestellt. = Der Käse wurde in der Schweiz _produziert_.

2. Wenn ich Milch trinke, wird mir schlecht. = Ich _____ keine Milch.

3. Gestern hat es ein Feuer im Dorf gegeben. = Im Dorf hat es gestern _____.

4. Hat die Aktion schon begonnen? = Wurde die Aktion schon _____?

5. Ich bin gegen künstliche Aromastoffe. = Ich _____ künstliche Aromastoffe _____.

6. Das Papier hängt noch am Fleisch. = Das Papier _____ noch am Fleisch.

7. Das ist irgendwie eklig. = Das _____ sich eklig _____.

3 Welches Adjektiv ist gemeint?

fett • künstlich • recht • reif • scharf

1. Die Tomaten im Salat sind noch grün, sie sind noch nicht _____.

2. Oh, die Soße ist aber _____, mir brennt der ganze Mund!

3. Das Fleisch ist so _____, das vertrage ich nicht.

4. Das ist keine echte Vanille, sie ist _____.

5. Wir bestellen eine Flasche Rotwein für alle, ist euch das _____?

Grammatik

4 Essen und Reisen. Passiv: Ja oder nein? Kreuzen Sie an und unterstreichen Sie die Passiv-Formen.

🌻 **Tipp**
Passiv: werden + Partizip II

	ja	nein
1. Fernreisen <u>werden</u> häufig und gern <u>gebucht</u>.	X	
2. Denn der Urlaub soll zu einem Erlebnis werden.		
3. So probiert der Tourist aus Europa in Thailand schon einmal eine gegrillte Heuschrecke.		
4. Doch wird so eine Spezialität in Europa angeboten, sind die Reaktionen eher negativ.		
5. Aber die Landwirtschaftsministerin in Den Haag, Gerda Veerburg, empfiehlt: „Auch die Holländer sollten Insekten essen!"		
6. Die Wissenschaft stimmt ihr zu, denn es wird viel zu viel Fleisch produziert.		
7. Die Insekten könnten eine sinnvolle Alternative sein.		
8. Damit sich die Holländer nicht ekeln, werden sie aber in „Bitterballen" versteckt.		
9. Diese werden gern als Vorspeise oder Snack gegessen.		

5 Joghurt selbst machen! Sehen Sie die Bilder an und beschreiben Sie den Herstellungsprozess. Benutzen Sie das Passiv im Präsens.

*2 l Milch auf 42 Grad erhitzen**

2 El Joghurt in die warme Milch geben

die Milch in Gläser gießen

die Gläser in die Sonne stellen

die Gläser mit einem Tuch abdecken

nach 4 Std. prüfen, ob der Joghurt schon dick ist

* erhitzen = warm machen

6 Im Kurs haben Sie Ihr Lieblingsgericht vorgestellt. Wie wird es gemacht? Beschreiben Sie die Arbeitsschritte in einem Text mit Passivsätzen.

Dieses Gericht heißt ... Es wird vor allem zu ... gegessen. Und so wird es gemacht: Zuerst werden/wird ...

Gut essen

7 Wein aus Deutschland. Lesen Sie den Text und ergänzen Sie die Passiv-Formen im Präteritum.

Die Mosel-Region ist Deutschlands ältestes Weinanbaugebiet

1. Die Region _wurde_ nach dem Fluss _____ (benennen), der von der luxemburgischen Grenze bis nach Trier führt, wo die Mosel in den Rhein fließt.

2. Schon vor 2000 Jahren _____ in der Moselregion Wein _____ (anbauen).

3. Es _____ Gegenstände aus der Römerzeit _____ (finden), die das beweisen.

4. An der Mosel _____ vor allem der Riesling _____ (entwickeln), eine weltweit bekannte und beliebte Weinsorte.

5. Über die Moselweine _____ schon immer _____ (sagen), dass sie besonders leicht und spritzig wären.

6. Der Wein und seine Winzer _____ auch von dem bekannten Weinautor G. Eichelmann besonders _____ (loben): Er meint, dass aus der Moselgegend die meisten exzellenten Weinsorten der ganzen Welt kommen.

8 Küche früher und heute.
Beschreiben Sie die Unterschiede wie im Beispiel.

Beispiel:
viel – mit Butter – braten ➤ Früher wurde viel mit Butter gebraten.
eher Pflanzenöl – nehmen ➤ Heute wird eher Pflanzenöl genommen.

> **Tipp**
> *Das Wort „Küche"*
> *kann den Raum,*
> *aber auch Essen*
> *meinen:* Hier gibt es
> eine gute Küche.

Früher
1. nur einmal pro Woche –Fleisch – essen.
2. gern mit fettem Fleisch – kochen
3. Zucker war teuer / sparsam einsetzen
4. schwer arbeiten / viel essen
5. fast alles selbst machen
6. nur wenig Chemie im Essen einsetzen

Heute
1. fast täglich – Fleisch essen
2. auf fettarme Ernährung achten
3. viele Produkte mit viel Zucker produzieren
4. oft die Kalorien zählen
5. viele Fertiggerichte kaufen
6. viele Lebensmittel mit künstlichen Zusatzstoffen herstellen

9 Gesund essen – na ja. Andrea erzählt.
a) Verbinden Sie ihre Aussagen und schreiben Sie Sätze mit *obwohl*.

1. Ich esse fast jeden Tag Fleisch.
2. Ich esse abends gern etwas Süßes.
3. Ich bin oft zu faul, um mir einen
   Salat zu machen.
4. Ich kaufe manchmal ein Fertiggericht.
5. Ich trinke abends gern ein Bier – oder zwei.
6. Ich kaufe gern Obst aus fernen Ländern.

a) Ich möchte mit natürlichen Zutaten kochen.
b) Alkohol ist ungesund.
c) Ich bin etwas zu dick.
d) Ich liebe Tiere.
e) Er ist gesund und lecker.
f) Ich möchte umweltbewusst leben.

Ich esse fast jeden Tag Fleisch, obwohl ich Tiere liebe.

b) Und Sie? Schreiben Sie drei *obwohl*-Sätze über Ihre Essgewohnheiten.

10 Macht Essen wirklich glücklich? Ergänzen Sie den Text.

damit • dass • dass • deshalb • denn • wenn • ob • weil

Die Wissenschaft wollte die Frage, _____[1] das Essen den Menschen glücklich machen

kann, lange Zeit nicht diskutieren. Aber in den letzten Jahren haben sich die Forscher mehr mit

diesem Thema beschäftigt, _____[2] die Ernährung eine sehr große Rolle in unserem Leben

spielt. Im Buddhismus zum Beispiel ist das Essen heilig, _____[3] der Mensch soll durch

das Essen Ruhe und inneren Frieden finden.

_____[4] man ein Essen genießen kann, müssen die Zutaten und die Zubereitung bekannt

sein, oder man muss offen für Neues sein. Heute wissen die Wissenschaftler genau, _____[5]

es eine Verbindung zwischen dem Gehirn und dem Bauch gibt. _____[6] ist es wichtig,

_____[7] wir mit einem Lebensmittel etwas Angenehmes und Nettes verbinden. So kann es

uns zum Beispiel glücklich machen, _____[8] wir etwas essen, das wir schon als Kind gern

oder an einem besonders schönen Tag gegessen haben.

Lesen

11 Wofür macht das Plakat Werbung?
Was glauben Sie?
Sammeln Sie Informationen. Welche fehlen?
– was?
– wo?
– wann?

12 Internationale Grüne Woche. Sehen Sie die Fotos an und lesen Sie den Text schnell.
Markieren Sie die Textstellen, die zu den Fotos passen.

Ein Besuch lohnt sich!

In den Messehallen unter dem Berliner Funkturm findet die welt-
größte Messe für Ernährung, Landwirtschaft und Gartenbau statt.
Über 1600 Aussteller stellten im Jahr 2012 ihre Produkte in 26
Hallen vor. Jedes Jahr zieht die Messe hunderttausende Besucher

5 an. 2012 waren es 420 000. Das Publikum ist bunt gemischt: Jung
und Alt, Profis, aber auch „Otto Normalverbraucher". Für diesen
kostet eine Tageskarte 12 Euro, für Schüler und Studenten gibt es
Ermäßigungen. Aber es passiert schnell, dass man viel mehr Geld
ausgibt, denn an den Ständen gibt es viele interessante Gerichte,

10 die man am liebsten alle probieren möchte. Damit der Gang
durch die Hallen auch wirklich Spaß macht, ist vor allem eines
wichtig: bequeme Schuhe! Denn die kulinarische Reise durch alle
Bundesländer Deutschlands und durch viele Länder aus der ganzen Welt kann ganz schön anstrengend werden. Ob man seinen

15 Weg plant oder einfach spontan losläuft– am Ende hat man einige
Kalorien wieder abtrainiert. Aber die Grüne Woche bietet weitaus
mehr als nur Essen und Trinken. Besonders die Familien mit Kin-
dern freuen sich auf Halle 25, denn hier sieht man Tiere: Kaninchen, Pferde, Schweine, Hühner,
Schafe, Kühe und sogar Bienen. Das ist ein bisschen wie im Zoo, aber hier kann man gleich

20 auch Schafswolle für einen schönen Pullover, frische Milch oder süßen Honig kaufen.
Die Besucher können sich im Detail darüber informieren, wie das, was sie täglich essen und
trinken, tatsächlich entsteht, und welche Unterschiede es in der Qualität gibt. Weinliebhaber
kommen auf der Grünen Woche ebenfalls auf ihre Kosten, und auch hier gilt die Devise:
„Probieren geht über studieren".

13 Lesen Sie den Text noch einmal und kreuzen Sie die richtige Lösung (a, b oder c) an.

1. Die Grüne Woche ist in
a) ☐ Köln.
b) ☐ Bern.
c) ☐ Berlin.

2. 2012 gab es mehr als ... Besucher.
a) ☐ 1600
b) ☐ 100 000
c) ☐ 400 000

3. Es kommen
a) ☐ nur Familien.
b) ☐ alle, die Lust haben.
c) ☐ nur Fachbesucher.

4. Das Essen an den Ständen
a) ☐ ist gratis.
b) ☐ kann man sich nur ansehen.
c) ☐ muss man extra bezahlen.

5. Auf der Messe sind
a) ☐ lebende Tiere verboten.
b) ☐ Tiere eine besondere Attraktion.
c) ☐ wilde Tiere zu sehen.

6. Was kann man auf der Messe nicht tun?
a) ☐ sich über Sportprogramme informieren
b) ☐ verschiedene Gerichte probieren
c) ☐ sich über Lebensmittel informieren

Kommunikation

14 Und Sie?

a) Wählen Sie aus und antworten Sie schriftlich auf die Fragen.

Sie waren schon einmal auf einer Lebensmittelmesse:
Was hat Ihnen besonders / gar nicht gefallen?
Würden Sie gern noch einmal dort hingehen? Warum (nicht)?

Sie waren noch nie auf einer Lebensmittelmesse:
Würden Sie gern einmal zur Grünen Woche gehen? Warum (nicht)?
Was würde Sie dort besonders (gar nicht) interessieren?

b) Zeichnen Sie ein Plakat für die Grüne Woche. Denken Sie sich auch einen guten Spruch aus.

15 Schreiben Sie einen kurzen Text (etwa 10 Sätze) über Ihre Ernährung.

 – Wie ernähren Sie sich?
 – Warum ernähren Sie sich so?
 – Finden Sie die Richtung Ihrer Ernährung richtig?
 – Was möchten Sie gern ändern und warum? Oder warum würden Sie nichts ändern?
 – Was halten Sie von Diäten?
 – Wie ist Ihre Meinung zu vegetarischer und veganer Ernährung?

16 Die Küche in Ihrem Heimatland. Hat sie sich in den letzten Jahren verändert?
Schreiben Sie Sätze ähnlich wie in Aufgabe 8.

17 Im Restaurant. Das Essen schmeckt nicht. Schreiben Sie einen Dialog.

Gast: das Essen – leider zu fett
Kellnerin: leidtun, zu viel Soße? ein anderes Gericht?
Gast: noch einmal Speisekarte – oder etwas ohne Fleisch empfehlen können?
Kellnerin: eine Ratatouille – Spezialität aus Frankreich – Gemüsegericht – sehr gut
Gast: ☺

18 Jemanden einladen: Schreiben Sie eine Einladung zum Essen. Nutzen Sie die Punkte.

 – sich für die Hilfe bei der Prüfungsvorbereitung bedanken
 – etwas Schönes kochen wollen / was – besonders mögen?
 – wann – kommen können?
 – welche Getränke – am liebsten?
 – Nachtisch – eine Überraschung aus der Heimat
 – nichts mitbringen

Dienstleistungen

Wortschatz

1 Kleine Wörter – viel Gefühl. Ergänzen Sie *ach so, aua, igitt, tja, verdammt.*

1. _____, der Bus ist schon weg! Jetzt komme ich zu spät.

2. _____, das ist dein Bruder. Ich dachte, das wäre dein Mann.

3. _____, dann können Sie mir wohl nicht weiterhelfen, schade.

4. _____! Pass doch auf! Das tat weh.

5. _____, das stinkt! Wie viele Tage liegt das schon hier?

2 Der Gutschein ist weg! Schreiben Sie Vergangenheitssätze wie im Beispiel.

Beispiel:
weil / ihr Zug / Verspätung haben – Karin / einen Gutschein / von / die Deutsche Bahn / bekommen
 ➡ Weil ihr Zug Verspätung hatte, hat Karin einen Gutschein von der DB bekommen.

1. sie / den Umschlag / auf den Tisch legen – als / nach Hause kommen

2. Thomas / vor / das Essen / Tisch abräumen – und dann / der Gutschein / verschwunden sein

3. sie / eine Stunde lang / suchen – aber ihn / nicht finden können

4. Karin / sehr verärgert / sein – weil / sie jetzt / den vollen Preis bezahlen / für das Ticket / müssen

5. am Abend / Karin / den Gutschein / beim Fegen finden – aber es / zu spät sein / denn / Ticket schon bezahlt sein

3 Dienstleistungen anbieten. Ergänzen Sie den Text.

Briefkästen • Dienstleistung • faxen • lassen • Schlange • selbst • zu dritt

Robert und Svetlana haben eine Putzfirma gegründet. Aber wie sollen sie die Kunden über

die neue _____[1] in der Stadt informieren? Sie _____[2] sich von

einem Werbespezialisten beraten und diskutieren _____[3]. Er sagt: „Ihr könnt

sehr viel _____[4] machen: Eure eigene Homepage entwickeln, Prospekte drucken

und sie an die _____[5] in eurem Viertel verteilen oder Angebote an Firmen

_____[6]. Dann stehen die Kunden bei euch bald _____[7].

Wir schaffen es!"

4 Der erste Auftrag: Putzen in einem Restaurant. Was machen Svetlana und Robert?

1. _Svetlana_

2. _____

3. _____

4. _____

5 Nomen und Verben.
a) Was passt zusammen? Verbinden Sie.

1. eine Dienstleistung   a) auflegen
2. sich an den Schalter   b) abschließen
3. einen Antrag   c) anbieten
4. die Beschwerde   d) ausfüllen
5. nach dem Gespräch   e) melden
6. einen Schaden   f) anstellen
7. das Geschäft   g) weiterleiten

b) Schreiben Sie mit den Verbindungen Sätze.

Grammatik

6 Alles fertig – Passiv mit *sein*. Ordnen Sie die Verben zu und schreiben Sie die Liste weiter.

> Liebe Frau Dr. Grimm-Vogel,
> ich habe heute vier Stunden in Ihrer Wohnung gearbeitet
> und Folgendes ist schon gemacht:
> • die Wäsche ist gewaschen

– der Kleiderschrank ...
– die Betten ...
– das Geschirr in der Küche ...
– die Katzen ...
– die Blumen ...
– die Hemden ...
– der Boden ...
– das Küchenfenster ...
– das Essen ...
– der Tisch ...

aufräumen

fegen

abwaschen   decken

bügeln   machen   füttern

kochen   putzen

gießen

7 Selbst gemacht – Geld gespart. Schreiben Sie Sätze wie im Beispiel.

Beispiel: ich – die Gardinen nicht aufhängen – sie lieber selbst aufhängen
➥ Ich lasse die Gardinen nicht aufhängen, ich hänge sie lieber selbst auf.

1. ich – meine Hemden nicht bügeln – sie lieber selbst bügeln
2. du – die Fenster putzen nicht – sie lieber selbst putzen
3. er – sich die Haare nicht schneiden – sie sich lieber selbst schneiden
4. sie (Sg.) – sich kein Make-up für die Party machen – sich lieber selbst schminken
5. wir – sich keine Kleider nähen – sie lieber selbst nähen
6. ihre Hochzeitsreise nicht organisieren – sie lieber selbst planen

8 Vor dem Urlaub: die Checkliste
a) Haben wir auch nichts vergessen?
Schreiben Sie Fragen wie im Beispiel.

Sind alle Koffer gepackt?

0. alle Koffer packen

1. die Brote machen

2. das Auto voll tanken

3. Steckdosen ausschalten

4. das Wasser abstellen

5. den Müll rausbringen

6. alle Fenster schließen

b) Schreiben Sie mit den Beispielen aus a) Sätze mit *bevor*.

Bevor wir losfahren, müssen wir die Koffer packen.

die Reise beginnen /
wir das Haus verlassen /
wir verreisen

9 Gar nicht so einfach: sich am Telefon beschweren.
Was passiert zuerst, was danach?
Verbinden Sie die Sätze mit *bevor*.

1. Bevor man mit einem Menschen reden kann, muss man einem Computer zuhören.

	zuerst	*danach*
1.	einem Computer zuhören (müssen)	mit einem Menschen reden (können)
2.	viele Nummern eintippen (müssen)	es weitergehen
3.	fünf Minuten Musik hören	verbunden werden
4. man	seine Kundenummer sagen (müssen)	sein Problem beschreiben (können)
5.	mit einem anderen Mitarbeiter verbunden werden	das Problem lösen
6.	wieder Musik hören ...	mit einem anderen Mitarbeiter verbunden sein

Lesen

10 Lesen Sie den Text und die Zusammenfassungen. Welche ist richtig: A oder B?

Medienkompetenz im Unterricht trainieren

Unsere Lebens- und Arbeitswelt hat sich in den letzten Jahrzehnten sehr verändert. Die modernen Informations- und Kommunikationsmittel sind immer dabei. Das hat Folgen für die beruflichen Anforderungen und Qualifikationen in der Dienstleistungsbranche.

Bereits jeder fünfte Erwerbstätige mit betrieblicher Ausbildung arbeitet laut dem Bundesinstitut für Berufsbildung (BIBB) im Dienstleistungssektor. Dort ist ein Arbeiten ohne moderne Kommunikationsmittel wie Computer, E-Mail, Internet und mobilen Technologien (Handytelefonie, WLAN, UMTS etc.) nicht mehr denkbar. Das macht Veränderungen in der Aus- und Weiterbildung nötig. Die Jugendlichen müssen sich in drei Kompetenzbereichen qualifizieren:

– Medienkompetenz (Medien effizient nutzen und kritisch bewerten)
– Informationskompetenz (Informationen suchen und bewerten)
– Kommunikationskompetenz (mit Kunden direkt und über Medien kommunizieren)

Denn: Statistiken zeigen, dass fast alle Jugendlichen die modernen Medien privat nutzen. Aber heißt das auch, dass die Jugendlichen wirklich medienkompetent sind?

A Heute muss man in fast allen Berufen wissen, wie man den Computer, das Internet und ein Smartphone nutzt. Deshalb sollen die Jugendlichen auch in Medienkompetenz unterrichtet werden, obwohl sie privat schon viele Medien nutzen.

B In vielen Dienstleistungsberufen nutzt man heute einen Computer. Internet und Handy sind aber verboten. Deshalb kann es ein Problem sein, dass so viele Jugendliche privat oft im Internet surfen und fast immer ihr Handy dabei haben.

11 Beschreiben Sie die Statistik. Über 1200 Jugendliche zwischen 12 und 19 Jahren wurden 2011 gefragt:

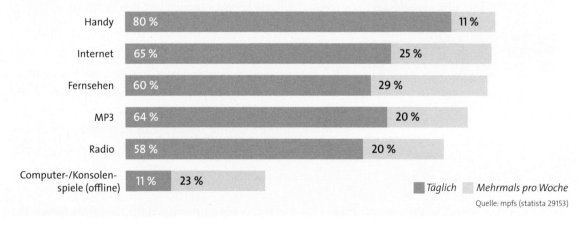

Welche dieser Geräte und Medien nutzt du täglich oder mehrmals pro Woche?

Gerät / Medium	Täglich	Mehrmals pro Woche
Handy	80 %	11 %
Internet	65 %	25 %
Fernsehen	60 %	29 %
MP3	64 %	20 %
Radio	58 %	20 %
Computer-/Konsolenspiele (offline)	11 %	23 %

Quelle: mpfs (statista 29153)

Die Statistik zeigt, wie viele Jugendliche ... / 83 Prozent nutzen ihr Handy täglich. / xx Prozent nutzen es mehrmals in der Woche. Das heißt, dass fast alle ... / Das Fernsehen wird von ...

12 Lesen Sie die Anzeige und kreuzen Sie die richtige Antwort an.

1. Holz & Hammer ist eine
   a) ☐ Firma mit langer Tradition.
   b) ☐ neue Firma.

2. Holz & Hammer
   a) ☐ stellt die Möbel selbst her.
   b) ☐ lässt die Möbel industriell herstellen.

3. Holz & Hammer möchte,
   a) ☐ dass alle Kunden die gleichen Standardmöbel haben.
   b) ☐ dass jeder Kunde seine eigene, spezielle Lösung bekommt.

4. Man bekommt ein Angebot
   a) ☐ nach 7–8 Tagen.
   b) ☐ nach 14 Tagen.

5. Man kann
   a) ☐ nur online bestellen.
   b) ☐ zu einem persönlichen Termin kommen.

Holz & Hammer: Ihre Lösung für jedes Platzproblem

Wir sind ein junges Unternehmen mit einer modernen Werkstatt. Wir bauen Möbel ganz nach Ihren individuellen Wünschen. Unsere Devise ist: „Mehr Platz zum Wohnen!". Sie haben ganz bestimmte Vorstellungen von Ihrem Wohnzimmer, Ihrer Küche oder vielleicht dem Kinderzimmer, aber die fertigen Möbel aus dem Möbelhaus passen nicht dazu? Ihre Ideen – unsere Dienstleistung. Teilen Sie uns Ihre Wünsche online oder in einem persönlichen Erstberatungstermin mit – wir planen, rechnen und schicken Ihnen nach einer Woche ein Angebot. Unser Team von 30 Mitarbeitern kümmert sich gern darum, Ihre persönlichen Vorstellungen Wirklichkeit werden zu lassen. Denn bei uns ist der Kunde noch König. Wir arbeiten professionell, genau und termingerecht.

13 Das Bewertungsportal. Lesen Sie die Bewertungen für das Eiscafé.
a) Welche Bewertung ist positiv (+) und welche negativ (–)?

Alex, 17. 08. 2012 – 18:55
Ich kann *Gelati* nur empfehlen! Es gibt sehr viele verschiedene Eissorten, die mit viel Fantasie und Liebe hergestellt werden. Besonders meine Lieblingssorte „Amarenakirsche" ist köstlich. Die Bedienung ist freundlich, sie könnte nur etwas schneller sein. ☐

Svenja, 12. 08. 2012 – 10:33
Ich war im *Gelati*, aber ich würde nicht noch einmal dort hingehen. Der Service ist eine Katastrophe! Und als ich mich über die lange Wartezeit beschweren wollte, fühlte sich niemand zuständig und unfreundlich waren sie auch. ☐

b) Unterstreichen Sie: Welche Wörter zeigen, dass es eine positive oder negative Bewertung ist?

Kommunikation

14 Sie wollen einen Schrank für Ihren Flur bestellen. Schreiben Sie eine E-Mail an das Möbelunternehmen Holz & Hammer aus Übung 12. Nutzen Sie die Punkte.

– Schrank für Schuhe und Taschen
– der Flur – sehr eng und schmal, aber hoch
– Maße: 170 cm × 250 cm × 25 cm
– welches Holz / empfehlen? / hell – vielleicht Beratungstermin?
– bis wann kann er geliefert werden?

15 Sie haben den Schrank bekommen und bewerten „Holz & Hammer" im Internet. Wählen Sie eine Situation aus und schreiben Sie einen Eintrag.

Sie sind zufrieden:
– toller Service, gründliche Beratung
– der Schrank passt genau
– sehr schönes Holz, trotzdem günstig
– pünktlich geliefert

Sie sind unzufrieden:
– H & H hat zu wenig gefragt
– nicht alle Schuhe passen in den Schrank
– Holz schön, aber sehr teuer
– Termin nicht eingehalten (1 Woche zu spät)

Ich habe einen Schrank bei „Holz & Hammer" machen lassen. Ich kann …

16 Sich beschweren. Sie warten auf Ihren Schrank. Er sollte gestern geliefert werden, aber er ist noch nicht da. Sie rufen bei H & H an. Schreiben Sie den Dialog in Ihr Heft und ergänzen Sie ihn.

H & H: Holz und Hammer. Maier. Guten Tag.

Sie: Guten Tag, mein Name ist … Ich habe bei Ihnen einen Schrank … und Sie wollten ihn …, aber er ist nicht gekommen. Was ist …?

H & H: Es tut mir leid. Das Holz ist nicht pünktlich geliefert worden. Deshalb wird der Schrank erst am nächsten Montag fertig.

Sie: Warum …? Ich habe gestern den ganzen …!

H & H: Aber mein Kollege hat Sie doch angerufen?

Sie: Nein, hier hat …

H & H: Sind Sie sicher?

Sie: Natürlich. Ich habe auch keine … auf meiner Mobilbox. Wer … mir die Zeit, die ich umsonst gewartet habe und nicht arbeiten konnte?

H & H: Wenn der Schrank fertig ist, können wir ja noch einmal über den Preis sprechen. Was meinen Sie?

Sie: Okay, aber ich hoffe sehr, dass er … Ich brauche den Schrank, denn wir bekommen Besuch.

H & H: Natürlich, wir liefern am Montag.

Lesen, Teil 4

Lesen Sie den Text. Entscheiden Sie, ob die Aussagen 37–39 richtig oder falsch sind.
Markieren Sie Ihre Lösungen für die Aufgaben 37–39 auf dem Antwortbogen.

Diese Schritte helfen Ihnen:
1. Lesen Sie die Überschrift und erkennen Sie so das Thema.
2. Lesen Sie die Sätze in den Aufgaben genau und unterstreichen Sie wichtige Wörter.
3. Lesen Sie den Text schnell. Wo finden Sie Informationen, um die Aufgabe zu lösen? Markieren Sie sie und schreiben Sie die Aufgabennummer dazu.
4. Vergleichen Sie die markierten Stellen im Text mit den Aussagen.
5. Markieren Sie die Lösung im Antwortbogen.

Beitrag aus der Reihe **Was tun?** – Austritt aus einem Verein

Sie sind Mitglied in einem Sportverein, aber Sie können oder wollen nicht mehr trainieren und deshalb auch keine Mitgliedsbeiträge mehr bezahlen? Dann müssen Sie die Mitgliedschaft kündigen.

Kündigung der Mitgliedschaft

Die Kündigung der Mitgliedschaft, im Allgemeinen „Austritt aus dem Verein" genannt, ist in der Satzung des Vereins geregelt. Steht dort nichts anderes, können Sie die Austrittserklärung einem Vorstandsmitglied geben oder zuschicken.

Das Schreiben

Auch wenn das nicht immer in der Satzung vorgeschrieben ist, empfehlen wir, schriftlich zu kündigen. Diese Austrittserklärung muss nicht unbedingt mit „Austritt" oder „Kündigung" überschrieben sein. Es genügt, wenn in dem Schreiben klar ausgedrückt wird, dass die Mitgliedschaft beendet werden soll.
Zu beachten ist allerdings die in der Satzung geregelte Kündigungsfrist. Sie beträgt in der Regel drei Monate vor Ende der Beitragsperiode. Man sollte sie in der Satzung noch einmal nachlesen, bevor man den Austrittstermin festsetzt, da sie manchmal davon abweicht.

Ihre Rechte

Eine Kündigungsfrist von über zwei Jahren ist gesetzlich nicht zugelassen.
Der Austritt kann durch die Satzung nicht ausgeschlossen werden; er darf auch nicht davon abhängig gemacht werden, dass das Mitglied Gründe für den Austritt nennt.
Es ist nicht wahr, dass der Verein der Kündigung zustimmen muss. Der Austritt darf auch nicht von der Zahlung von noch offenen Mitgliedsbeiträgen abhängig gemacht werden. Diese müssen allerdings auch nach Beendigung der Mitgliedschaft noch bezahlt werden.

37 Wenn man nicht mehr Mitglied in einem Verein sein will, sollte man mit einem Brief kündigen.
richtig / falsch

38 Die Kündigungsfrist beträgt immer drei Monate.
richtig / falsch

39 Wenn man gekündigt hat, muss man die alten Beiträge nicht mehr bezahlen.
richtig / falsch

Teil 4		
37. ☐ richtig		☐ falsch
38. ☐ richtig		☐ falsch
39. ☐ richtig		☐ falsch

Lesen, Teil 5

Lesen Sie den Text und schließen Sie die Lücken 40–45. Welche Lösung (a, b oder c) passt am besten? Markieren Sie Ihre Lösungen für die Aufgabe 40–45 auf dem Antwortbogen.

Diese Schritte helfen Ihnen:
1. Lösen Sie schon beim ersten Lesen die einfachen Aufgaben. Nur eine Antwort passt.
2. Lesen Sie ein zweites Mal und versuchen Sie jetzt, die Aufgaben zu lösen, bei denen Sie sich nicht sicher waren. **Tipp:** Keine Antwort ist immer ein Fehler! Auch wenn Sie sich nicht ganz sicher sind, markieren Sie auf jeden Fall eine Antwort. Vielleicht hilft Ihnen Ihr Sprachgefühl und Sie treffen die richtige Lösung.
3. Kontrollieren Sie Ihre Lösungen.

Berlin, den 30. Oktober 2012

___0___ meiner Mitgliedschaft
Mitgliedsnummer AF 21 44

___40___ Herr Vogelsang,

hiermit kündige ich oben aufgeführte Mitgliedschaft im Verein TiB 1873 fristgerecht zum nächstmöglichen ___41___ .
Mit Ende ___42___ Mitgliedschaft wird die Ihnen erteilte Einzugsermächtigung für mein ___43___ (246964473, 10050000, Sparkasse Berlin) automatisch ungültig.

Bitte ___44___ Sie mir eine schriftliche Bestätigung dieser Kündigung unter Angabe des Datums, an dem meine Mitgliedschaft endet, in den nächsten Tagen zu.

Mit ___45___ Grüßen
Anton Freitag

Beispiel:

0 a) ☐ Aufnahme
   b) ☐ Antrag
   c) ☐ Kündigung

40 a) ☐ Sehr geehrte
    b) ☐ Sehr geehrter
    c) ☐ Lieber

41 a) ☐ Monat
    b) ☐ Woche
    c) ☐ Termin

42 a) ☑ meiner
    b) ☐ Ihrer
    c) ☐ unserer

43 a) ☐ Vertrag
    b) ☐ Konto
    c) ☐ Verein

44 a) ☐ senden
    b) ☐ sagen
    c) ☐ hören

45 a) ☐ fröhlichen
    b) ☐ lieben
    c) ☐ freundlichen

Teil 5		
0. ☐ a	☐ b	■ c
40. ☐ a	☐ b	☐ c
41. ☐ a	☐ b	☐ c
42. ☐ a	☐ b	☐ c
43. ☐ a	☐ b	☐ c
44. ☐ a	☐ b	☐ c
45. ☐ a	☐ b	☐ c

Der liebe Haushalt

Wortschatz

1 Ein Tag mit vielen Pannen. Ergänzen Sie im Text die Verben. Unten finden Sie Hilfe.

Liebe Ulrike,

Du kannst dir nicht _____¹, was für einen Tag ich hinter mir habe. Ich wollte so viel

_____², aber nichts hat funktioniert. Heute früh wollte ich ganz schnell die Wäsche

in den Schrank _____³, aber als ich die Socken _____⁴, passten ganz

viele nicht zusammen. Dann wollte ich noch die weiße Wäsche _____⁵, aber ich

habe nicht gemerkt, dass ich auch meine rote Unterhose in die Maschine _____

_____⁶, jetzt ist Walters Lieblingshemd rosa!

Beim Frühstück wollte ich für die Kinder schnell die Brote _____⁷, aber die Butter

war alle. Also nur Schokocreme, obwohl das viel zu ungesund ist. Aber als ich die Brote

_____⁸ wollte, war die Folie zu Ende. Dann ist das Rührei noch angebrannt – die

Pfanne sah aus – ich musste sie erst einmal eine halbe Stunde _____⁹. Als ich später

das Geschirr _____¹⁰, hatte einer der guten Teller noch einen Fleck. Ich versuchte,

ihn zu _____¹¹ – leider habe ich den Teller dabei ganz _____¹². Dann

habe ich Walter gefragt, ob er nicht noch schnell unser neues Bild im Wohnzimmer

_____¹³ könnte. Er war viel zu hektisch und hat es _____¹⁴. Dabei war es

doch so teuer!

Als endlich alle aus dem Haus waren, wollte ich zuerst den Boden _____¹⁵, aber das

Wasser war abgestellt – die Stadt hat irgendwas _____¹⁶. Also dachte ich mir, dass

ich jetzt endlich das Kleid für Saras Geburtstag _____¹⁷ könnte, aber du kannst dir

sicher denken, was _____¹⁸ ist: Die Nähmaschine ging nicht mehr. Danach hatte ich

keine Lust mehr auf Haushalt, ich habe Fiffi und Rex gerufen und wir sind zwei Stunden durch

den Wald _____¹⁹. Danach ging es mir besser!

Ich hoffe, du hattest einen schöneren Tag, liebe Grüße, Anja

abtrocknen • beschädigen • einpacken • einräumen • einweichen • entfernen • erledigen • laufen • nähen • passieren • reparieren • schmieren • sortieren • stecken • vorstellen • waschen • wischen • zerkratzen

2 Welches Verb passt? Kombinieren Sie die Buchstaben.

1. a) [d] den Fleck   b) [ ] der Fleck   c) geht raus   d) entfernen
2. a) [ ] die Zahnbürste   b) [ ] das teure Bild gut   c) verpacken   d) einpack
3. a) [ ] den Spiegel   b) [ ] den Fleck   c) zerkratzen   d) abkra
4. a) [ ] sich etwas sehr b) [ ] sich etwas Besonderes c) wünschen   d) leist
5. a) [ ] den Abfall   b) [ ] seine Aufgaben   c) erledigen   d) w

3 Wortfelder. Ordnen Sie die Wörter zu und ergänzen Sie weitere.

die Alufolie · der Ausweis · der Besen · der Dampf · der Einkaufswagen · der Eintritt · die Ermäßigung · die Geheimzahl · die Handtasche · die Mikrowelle · die Sauberkeit · der Staubsauger · der Stoff · die Wäsche · die Versicherung

Haushalt und Geräte	Ausgehen und Geld

4 Textbausteine. Schreiben Sie einen Werbetext.

mit starkem Dampfdruck / entfernt jeden Dreck mühelos
einfach den Stecker in die Steckdose / Wasser ins Gerät geben
alles andere / „Zisch & Weg" erledigen
bis zum Monatsende bestellen / dann 15 Prozent Ermäßigung
keine bessere Haushaltshilfe / sich wünschen können

Dampfreiniger „Zisch & Weg"

Grammatik

5 Technik macht den Haushalt leichter. Schreiben Sie Sätze wie im Beispiel.

Beispiel: den Fußboden mit dem Besen fegen – sich einen Staubsauger besorgen
➡ Anstatt den Fußboden zu fegen, kann man sich einen Staubsauger besorgen.

1. das Geschirr per Hand abwaschen – eine Spülmaschine spülen lassen
2. die Wäsche in der Badewanne waschen – sich eine Waschmaschine kaufen
3. die Flecken mit viel Mühe entfernen – die Wäsche in die Reinigung bringen
4. die nasse Wäsche aufhängen – sie im Trockner trocknen
5. das Essen auf dem Herd warm machen – es einfach in die Mikrowelle stellen

6 Wiederholung: Sätze mit *um ... zu.*
Schreiben Sie die Sätze aus Aufgabe 5 um.

Um den Fußboden nicht mit dem Besen zu fegen, besorge ich mir einen Staubsauger.

Der liebe Haushalt

7 Reflexivpronomen: *sich* wünschen – im Dativ oder im Akkusativ? Ergänzen Sie.

‹ Ich wünsche _____ [1] eine Küchenmaschine zum Geburtstag, aber ich

weiß nicht, ob _____ [2] jemand so ein teures Geschenk leisten kann.

▮ Ach, ich kann _____ [3] vorstellen, dass wir alle Geld zusammenlegen.

Deine Freunde wissen doch auch, dass du _____ [4] darüber mehr

freust als über viele kleine Geschenke, die du gar nicht brauchst.

‹ Oh, das wäre schön! Dann müssten wir _____ [5] nicht mehr so viel

Mühe beim Gemüseschneiden geben!

8 *Irgendwie – irgendwo – irgendwann.* Antworten Sie auf die Fragen wie im Beispiel.

Beispiel: Wo steht der Besen? – im Keller ➔ Irgendwo im Keller.

1. Wann wolltest du den Boden fegen? – heute Abend
2. Wo liegen meine Sportsachen? – im Schrank
3. Wie macht man Lasagne? – mit Nudeln und Käse
4. Was nehme ich zum Putzen? – mit Essig
5. Wer hat im Keller das Licht nicht ausgemacht? – aus dem Haus

> ✿ *Tipp*
> *Auf die Frage mit* **Wer ...?**
> *können Sie auch mit*
> **irgendjemand** *antworten*

9 Haushalt früher. Wiederholung: Schreiben Sie die Verben im Präteritum.

Im 19. Jahrhundert _____ [1] (geben) es fast keine technischen Geräte, die die Arbeiten im

Haushalt _____ [2] (erledigen). Die Hausfrauen oder das Personal _____ [3] (waschen)

und _____ [4] (putzen) per Hand. Sie (kochen) _____ [5] und _____ [6] (braten)

auf einem Herd, den sie mit Holz _____ [7] (heizen). Ohne Kühlschränke _____ [8]

(bleiben) das Essen nicht lange frisch, deshalb _____ [9] (gehen)

die Frauen fast täglich einkaufen. Sie _____ [10] (tragen) die

schweren Taschen meistens selbst, denn Autos _____ [11]

(haben) sie natürlich noch nicht. Der Haushalt _____ [12]

(nehmen) den Frauen ihre ganze Zeit und Kraft.

10 Heute wird die Arbeit geteilt? Schreiben Sie den Dialog mit
wenn-Sätzen.

Beispiel: du – die Wäsche waschen und aufhängen/ ich – Staub saugen
➔ Wenn du die Wäsche wäschst und aufhängst, sauge ich Staub.

Er: einkaufen gehen / die Einkäufe in den Kühlschrank räumen.
Sie: den Boden wischen / die Blumen auf dem Balkon gießen
Er: die Mikrowelle sauber machen / deine Hemden bügeln
Sie: die Weihnachtsgeschenke besorgen / sie einpacken
Er: die Bettwäsche nähen / den Stoff bezahlen

Lesen

11 Kinder und Hausarbeit. Lesen Sie den Text, kreuzen Sie die richtigen Aussagen an und ordnen Sie ihnen die passenden Zeilen zu.

Welche Hausarbeiten sind für Kinder geeignet?

Kinder sollten, je nach Alter, eigene Aufgaben im Haushalt erledigen. Das ist eine Hilfe für die Eltern, aber es gibt auch den Kindern Selbstbewusstsein und bereitet sie auf das Leben vor.

5 Ab wann können Kinder im Haushalt helfen?

Eigentlich können die Kinder schon ab dem ersten Jahr helfen. Natürlich
10 kann es bei so kleinen Kindern noch nicht um „echte" Hilfe
15 gehen, denn die Kinder brauchen im Kleinkindalter noch sehr lange und können die Aufgaben noch nicht perfekt erledigen. Es geht also eher um das Lernen als um das Helfen – deshalb müssen Eltern hier auch Geduld zeigen. Aber
20 schon mit fünf Jahren kann ein Kind allein Wäsche aufhängen oder sie sortieren, das Geschirr aus dem Schrank holen, es abtrocknen oder in die Spülmaschine einräumen, den Tisch decken, und auch mal ein Waschbecken
25 putzen. Wenn die Kinder noch so jung sind, haben sie oft viel Spaß daran, im Haushalt zu helfen.

Hausarbeit und Pupertät

Das ändert sich aber, wenn sie älter werden.
30 Sind sie erst einmal in der Pupertät, also zwischen 12 und 18 Jahre alt, gibt es eigentlich in jeder Familie Streit über die nun so lästigen Haushaltspflichten. Aber wenn der Sohn oder die Tochter von Anfang an an die Mitarbeit im
35 Haushalt gewöhnt ist, kann man eher darauf hoffen, dass das Übernehmen von eigenen Aufgaben zum Alltag gehört.

Deshalb sollten Sie zum Beispiel früh beginnen, die Kinder zum Einkaufen mitzunehmen
40 und sie auch mal den Einkaufszettel schreiben lassen. Denn ein älteres Kind kann Besorgungen dann auch ganz selbstständig erledigen. Weitere für Kinder besonders geeignete Aufgaben sind: den

45 Müll wegbringen, die Haustiere füttern oder die Blumen gießen. Und besonders in
50 der Weihnachtszeit helfen viele Kinder gern beim Plätzchenbacken!

	richtig	Zeile
1. Kinder sollen im Haushalt helfen, damit sie für ihr späteres Leben lernen.	☐	___
2. Aber sie sollten mindestens fünf Jahre alt sein.	☐	___
3. Mit fünf Jahren kann ein Kind schon einige Aufgaben erledigen.	☐	___
4. Am Anfang brauchen die Eltern etwas Zeit und Geduld.	☐	___
5. Sind die Kinder älter, haben sie auch mehr Lust, zu helfen.	☐	___
6. Man sollte seine Kinder schon früh ans Helfen gewöhnen.	☐	___
7. Jugendliche können schon selbstständig Besorgungen erledigen.	☐	___
8. Helfen kann auch Spaß machen – besonders in der Weihnachtszeit.	☐	___

Der liebe Haushalt

12 Welcher Kurs passt zu den Personen? Lesen Sie die Texte und ordnen Sie den Personen einen passenden Kurs in der Haushaltsschule zu.

1. Frank Burkhard

Im Sommer ziehe ich mit meiner Freundin zusammen. Zu Hause durfte ich nie was im Haushalt machen und mir ist es echt peinlich, dass ich keine Ahnung habe. Ich will mich doch vor meiner Freundin nicht blamieren!

2. Martina Gutsmann:

Wir sind schon seit vier Jahren verheiratet und erledigen alle Arbeiten im Haushalt zusammen, aber wir fragen uns oft: Könnte das alles nicht auch schneller gehen? Machen wir alles wirklich richtig? Gibt es vielleicht in der einen oder anderen Situation nicht noch einen Tipp, der helfen könnte? Besonders beim Kochen können wir noch einiges lernen.

3. Rainer Kuhlmann:

Meine Frau muss bald für längere Zeit im Ausland arbeiten. Ich bleibe in dieser Zeit mit unseren drei Kindern hier. Wir haben ein Haus mit Garten, drei Hunde und zwei Katzen. Ich arbeite viel, komme oft erst um 20 Uhr nach Hause. Wie soll ich das alles organisieren? Und viel Zeit, einen Kurs zu besuchen, habe ich auch nicht.

Connys Haushaltsschule

Herzlich Willkommen!

Hausarbeit – das kann doch jeder? Kochen, Putzen, die Wäsche machen, das Geld einteilen und vielleicht auch noch einen Garten pflegen ... Das soll man alles einfach so können, obwohl man als Kind gerade mal ein bisschen der Mutter bei der Arbeit zusehen konnte. Aber was man gut kann, macht mehr Spaß und es geht auch schneller. Ich zeige Ihnen, wie Ihr Haushalt gut funktioniert und wie Sie effektiv und schnell arbeiten. Ich biete Lösungen für Ihre Probleme an! Wählen Sie aus meinem Kursprogramm:

KURS A: *Es geht noch besser – für alle, die schon einen Haushalt führen*

Kennen Sie das Problem: Seit Jahren führt man seinen Haushalt – irgendwie – und weiß nicht genau, ob man es richtig macht? In diesem Kurs bekommen Sie den Feinschliff, viele gute Ratschläge für Ihr Zeitmanagment und Tipps, die Ihre Haushaltsführung verbessern werden.

KURS B: *Für Singles, frisch Verheiratete und junge Paare*

Irgendwann hat Ihnen Ihre Mutter oder Oma einiges gezeigt und erklärt, aber Sie haben alles vergessen? Dann brauchen Sie einen Einsteigerkurs mit System! In kurzer Zeit lernen Sie die Grundlagen der Haushaltsführung in allen Bereichen, die jeder im Alltag braucht. So sparen Sie viel Zeit und der Haushalt wird nicht zum Störfaktor für Ihr neues Glück.

KURS C: *Individuelle Haushaltsberatung*

Sie wissen eigentlich, was zu tun ist, aber manchmal wird alles zu viel? Sie brauchen Hilfe, die ganz auf Ihre persönliche Situation passt? Ich komme auch gern zu Ihnen nach Hause und wir planen, organisieren und optimieren gemeinsam. Vereinbaren Sie mit mir Ihren persönlichen Beratungstermin und wir lösen Ihre Probleme zusammen!

Kommunikation

13 Als Kind im Haushalt helfen. Antworten Sie auf die Fragen.

1. Warum sollen die Kinder Ihrer Meinung nach im Haushalt (nicht) helfen?
2. Warum haben Sie als Kind (nicht) gern im Haushalt geholfen?
3. Welche Arbeiten mussten/durften Sie im Haushalt erledigen?
4. Was konnten Sie als Kind besonders gut im Haushalt machen?
5. Welche Hausarbeiten könnten für Kinder gefährlich sein?

14 Sie möchten zu Hause einen Frühjahrsputz machen.
a) Schreiben Sie eine Aufgabenliste.

– Putzmittel besorgen
– Fenster putzen

 Info

In Deutschland gibt es, wie in vielen anderen Ländern auch, die Tradition, im Frühling einen Großputz zu machen. Es wird besonders gründlich sauber gemacht – auch da, wo man normalerweise nur selten putzt.

b) Ihr/e Partner/in soll helfen. Formulieren Sie Bitten zu den Aufgaben in a).

Könntest du zum Supermarkt fahren und Putzmittel besorgen?
Würdest du mir ...

15 Sie möchten mit einem Freund ein Picknick machen und planen es zusammen. Schreiben Sie einen Dialog. Nutzen Sie diese Punkte.

– Was – brauchen?
– Wer – Getränke besorgen?
– Wer – was vorbereiten können?
– Wann und wo – einkaufen?

16 Wie funktioniert Ihr Haushalt? Schreiben Sie einen Text (ca. 150 Wörter).
Nutzen Sie diese Punkte.

– Welche Arbeiten müssen wie oft erledigt werden?
– Wer macht diese Arbeiten?
– Was macht wem aus Ihrer Familie/Ihnen besonders viel/gar keinen Spaß?
– Welche Probleme gibt es im Haushalt?
– Was und wie würden Sie gern besser machen oder organisieren?

Reisen und arbeiten

Wortschatz

1 Ergänzen Sie die Texte mit dem passenden Beruf. Achten Sie auf die Form.

1. der Apotheker/die Apothekerin
2. das Zimmermädchen (der Roomboy)
3. der Trainer/die Trainerin
4. der Reiseleiter/die Reiseleiterin

Ich habe ein Fitnessstudio und suche dringend zwei neue _____.
Am besten Sportstudenten, die schon Erfahrung mit verschiedenen Sportkursen haben.

Als _____ bin ich viel unterwegs: heute Paris, morgen Madrid ...
Da bleibt leider nicht viel Zeit für Freunde und Familie.

_____ arbeiten immer unter Stress: Wir haben oft nur zwanzig Minuten
pro Zimmer und müssen in dieser Zeit alles schaffen: die Betten, das Bad, den Boden ...

Als _____ werde ich im Winter oft krank, weil so viele Kunden zu mir
kommen, die eine Erkältung haben.

2 Welche Tätigkeit passt zum Beruf? Ordnen Sie sie in die Tabelle. Welche passt zu keinem?

Rezepte lesen • Ankunftszeiten überprüfen • Betten machen • Einzelzimmer reservieren •
das Bad putzen • Ausflüge organisieren • einen Verband anlegen • einen Trainingsplan
machen • staubsaugen • die Nutzung der Sportgeräte erklären • Medikamente sortieren •
über Sehenswürdigkeiten informieren • Tipps zum gesunden Training geben • mögliche
Nebenwirkungen erklären • Eintrittskarten kaufen • wütende Touristen beruhigen

Zimmermädchen	Reiseleiter/in	Fitnesstrainer/in	Apotheker/in

3 Hochzeitsreise auf einem Schiff. Ergänzen Sie die Wörter.

Ankunft • Hafen • Personal • persönlichen • reserviert • Schiff

Sehr geehrte Frau Raeke,

wir freuen uns sehr, dass Sie Ihre Hochzeitsreise auf unserem _____ ¹
verbringen wollen. Hiermit bestätigen wir Ihre Buchung: Sie haben die Reise auf
der MS Maria Luise vom 14.06. bis zum 23.06.2013, Außenkabine mit Balkon
_____ ². Abfahrt und _____ ³ im Hamburger _____ ⁴.
Damit sich unser geschultes _____ ⁵ auch um Ihre ganz _____ ⁶
Wünsche kümmern kann, bitten wir Sie, uns diese bis zum 30. Mai mitzuteilen.

Mit freundlichen Grüßen

4 Gegensätze geschüttelt. Finden Sie die Wörter und ordnen Sie sie zu.

remküdiwgr • rckdegi • nstigtü • arburtchf

1. teuer ≠ _____

2. sauber ≠ _____

3. normal ≠ _____

4. toll ≠ _____

5 Was passt zusammen? Verbinden Sie.

1. jemandem sein Geld aus der Tasche
2. einen Dieb beim Stehlen
3. seinen Schülern einen Text
4. das Alter einer Person
5. alle Touristen wieder
6. die Reise wegen des schlechten Wetters
7. einen süßen Hund
8. ein Hotelzimmer per E-Mail
9. viel vom Urlaub

a) erwarten
b) reservieren
c) streicheln
d) stehlen
e) beobachten
f) erraten
g) diktieren
h) einsammeln
i) früher beenden

6 Alles nur Arbeit? Sammeln Sie Wortverbindungen.
Dann ergänzen Sie den Artikel.

Arbeit(s) ——— bedingungen

Grammatik

7 Genitiv: *der das die* wird zu …? Kombinieren Sie und bilden Sie Sätze mit dem Genitiv der Wörter.
Es gibt viele Möglichkeiten.

	der ⁄⁄⁄	*das* ✕	*die* ✿
die Größe	Hafen	Schiff	Reise
die Länge	Ort	Taxi	Pension
die Öffnungszeiten	Felsen	Hotel	Bar
der Preis	Urlaub	Zimmer	Fachkraft
die Bedingungen	Arbeitsmarkt	Zimmermädchen	Apotheke
die Eigenschaften	Beruf	Meer	Messe
die Qualifikation	Mensch	Büro	
der Luxus			
die Schönheit			

Der Preis des Taxis ist okay.

8 Was gehört wem? Ordnen Sie die Bilder zu und schreiben Sie Sätze wie im Beispiel.

Beispiel: der Besen – die Putzfrau ► der Besen der Putzfrau

Reisen und arbeiten

9 Satzkette: Superlativ + Genitiv. Schreiben Sie wie im Beispiel.

Beispiel: Der 21. Juni ist: lang/Tag – das Jahr ➤ Der 21. Juni ist der längste Tag des Jahres.

1. Da hatte ich auch: erfolgreich/Woche – der Monat
2. Denn in dieser Woche beendeten wir: spannend/Teil – das Projekt
3. Das war: gut/Entwicklung – unser Team
4. Jetzt sind: hoch/Erwartungen – mein neue Arbeitgeber – geweckt

10 Beruflich reisen. Ergänzen Sie Artikel und Nomen im Genitiv.

Katja Raeke: „Der Beruf (eine Dolmetscherin) _____[1]

bedeutet, dass man viel reisen muss. Die Geschäfte (die Kunden)

_____[2] führen mich oft in sehr interessante Städte wie zum

Beispiel nach Kasachstan, in die Hauptstadt (das Land) _____[3]

Astana. Ich arbeite natürlich wegen (das Geld) _____[4], aber auch, weil ich viele

Orte (diese Welt) _____[5] sehen kann. Das ist für mich ein wichtiger Teil

(mein Leben) _____[6]. Denn es macht mir viel Spaß, die Kultur und den Alltag

(die Menschen) _____[7] kennenzulernen."

11 Nicht nur Genitiv. Ergänzen Sie in den Texten die Nomen mit Artikel und kreuzen Sie an.

	Akk.	Dativ	Gen.
1. Marie Krug, Camping-Urlauberin: „Wenn wir in (der Urlaub) *den Urlaub* fahren, gehen wir wegen (die Kosten)	X	☐	☐
_____ nie ins Hotel. Wir suchen eine günstige Über-	☐	☐	☐
nachtung oder nehmen einfach (ein Zelt) _____ mit und	☐	☐	☐
suchen (ein schöner Ort) _____ zum Schlafen, zum	☐	☐	☐
Beispiel an (ein See) _____. Manchmal leihen wir uns	☐	☐	☐
auch den Wohnwagen (mein Bruder) _____."	☐	☐	☐
2. Karl Stahlmann: „Ich bin schon seit zwei Jahren Rentner. Die Zeit			
vor (die Rente) _____ war nicht leicht, weil ich mit 62	☐	☐	☐
meine Stelle verloren habe. Die Firma wollte, dass ich in (eine neue			
Filiale) _____ in Hamburg arbeite. Die Hälfte	☐	☐	☐
(das Personal) _____ sollte dort arbeiten. Ich fand mich	☐	☐	☐
zu alt, um jeden Tag zu pendeln und habe abgelehnt. Nach			
(ein langes Gespräch) _____ haben wir (die Kündigung)	☐	☐	☐
_____ beschlossen und ich war 3 Jahre arbeitslos."	☐	☐	☐

12 Ein Urlaub mit Pannen. Ordnen Sie die Gründe zu und antworten Sie mit *wegen* + Genitiv.

1. Warum seid ihr einen Tag später angekommen?
2. Warum habt ihr im Zelt geschlafen?
3. Warum siehst du so müde aus?
4. Warum bist du nicht braun geworden?
5. Warum bist du so dünn?
6. Warum hat dir der Urlaub trotzdem Spaß gemacht?

das schlechte Essen
der Lärm auf dem Zeltplatz
ein Sturm am Abflugtag
meine tolle Begleitung
meine Sonnenallergie
eine Panne bei der Buchung

Wegen eines Sturms am Abflugtag konnte das Flugzeug nicht starten.

13 Die n-Deklination üben.
a) Notieren Sie die Formen.

Genitiv:

1. die Liebe / der junge Student
   ➤ *die Liebe des jungen Studenten*
2. die Mütze / der Polizist
3. die Frage / ein kleiner Junge
4. das Foto / ein großer Löwe
5. die Visitenkarte / dieser nette Herr

Dativ:

6. das Gespräch / mit + ein Polizist
   ➤ *das Gespräch mit einem Polizisten*
7. die Reise / mit + mein Neffe
8. der Brief / von + ein netter Mensch
9. Tiere / von + ein anderer Kontinent
10. das Einzelzimmer / von + der ruhige Tourist

Akkusativ:

11. sich verlieben in / ein Student
    ➤ *sich in einen Studenten verlieben*
12. fotografieren / ein Löwe
13. kennenlernen / ein älterer Herr
14. anrufen / der Patient
15. sich interessieren für / ihr Nachbar
16. heiraten / mein Kollege

b) Wählen Sie aus jeder Kategorie mindestens zwei Beispiele aus und schreiben Sie mit ihnen eine lustige Geschichte.

Reisen und arbeiten

Lesen

14 Ein Berufsbild.

a) Lesen Sie den Text schnell. Welches Foto passt zum Text? Kreuzen Sie an.

Knochenjob im Flugzeug

Früher hießen sie noch Steward und Stewardess. Heute lautet die korrekte Berufsbezeichnung Flugbegleiter/in. Den Gebrauch der Schwimmwesten zu erklären und das Servieren von Getränken oder Snacks
5 bei Turbulenzen ist Standardprogramm. Die Arbeit als Flugbegleiter ist aber mehr als ein Kellnerjob über den Wolken. Denn im Notfall tragen sie große Verantwortung. Deshalb ist Sicherheit auch der wichtigste Punkt des Lehrgangs, der meistens acht Wochen dau-
10 ert und in dem die erfolgreichen Bewerber alles über Sicherheit und Service lernen. Denn ein anerkannter Ausbildungsberuf ist es nicht. Auch der Schulabschluss ist den meisten Fluggesellschaften nicht so wichtig. Trotzdem müssen Interessenten einige Be-
15 dingungen erfüllen: Man braucht eine abgeschlossene Berufsausbildung und sollte mindestens 1,65 groß sein. Neben guten Englischkenntnissen erhöht eine zweite Fremdsprache, zum Beispiel Spanisch, die Chancen. Auch Erfahrungen in der Gastronomie sind von Vorteil. Man muss gute Nerven haben und in ge-
20 fährlichen Situationen ruhig bleiben. Außerdem ist Teamfähigkeit eine Schlüsselqualifikation, denn man muss in der Lage sein, auf engem Raum mit anderen zusammen zu arbeiten und sich schnell in immer wieder neue Teams einzuleben. Wer davon träumt, viel
25 unterwegs zu sein, dem muss klar sein, dass der Job auch sehr stressig ist: Es erwarten einen viele Stunden auf engem Raum, häufig Orts- und Klimawechsel in kurzer Zeit, schwierige Passagiere und mögliche Krisen in der Luft. Der Duft der weiten Welt kann auch
30 leicht an Reiz verlieren, wenn zu Hause der Freund oder die Freundin wartet. Auch das Gehalt ist eher bescheiden: Man verdient ungefähr 1500 Euro, dazu kommen noch Urlaubsgeld und Zulagen. Trotzdem bleibt es für viele ein Traumberuf – oft aber nur für
35 eine gewisse Zeit. Deshalb sind die Fluggesellschaften auch fast immer auf der Suche nach neuem Personal.

b) Wo finden Sie die Antworten? Lesen Sie den Text noch einmal, markieren Sie die passenden Zeilen und notieren Sie die Antwort in Stichwörtern.

1. Welche Aufgaben hat man in diesem Beruf?
2. Muss man eine dreijährige Ausbildung machen?
3. Welche Qualifikationen braucht man?
4. Welche Eigenschaften sollte man haben?
5. Welche Probleme erhöhen die Arbeitsbelastung in diesem Job?
6. Kann man mit diesem Job reich werden?
7. Gibt es freie Stellen in diesem Beruf?

> *1. Erklären, wie eine Schwimmweste funktioniert, Getränke ...*

15 Wäre das ein Job für Sie? Sammeln Sie Vor- und Nachteile, die für Sie wichtig sind und schreiben Sie einen Text (ca. 100 Wörter) zu der Frage: Würden Sie gern Flugbegleiter/in werden?

Kommunikation

16 Als Apothekerin arbeiten. Bringen Sie den Dialog in die richtige Reihenfolge. Dann schreiben Sie eine Variante mit einem anderen Beruf.

Sabine arbeitet als Apothekerin, ihre Nichte interessiert sich für den Beruf und fragt viel.

a) ☐ ‹ Du hast also nette Kolleginnen? Und die Chefin, wie klappt es mit ihr?

b) ☐ ‹ Ja, dafür gibt es Zulagen. Überhaupt ist das Gehalt nicht schlecht. Ich bin also ziemlich glücklich in meinem Job, aber einen Traum habe ich noch.

c) ☐1 ‹ Hallo, Tante Sabine. Du, was ich dich immer schon fragen wollte: Gefällt dir eigentlich deine Arbeit in der Apotheke?

d) ☐ ‹ Musst du oft Überstunden machen?

e) ☐ ‹ Welchen?

f) ☐ ‹ Wir verstehen uns recht gut. Sie ist manchmal etwas streng, aber sie weiß, was sie tut.

g) ☐ ‹ Oh ja, sehr. Weißt du, die Apotheke ist ziemlich groß und wir sind ein tolles Team.

h) ☐ ‹ Bekommst du dafür mehr Geld?

i) ☐ ‹ Irgendwann möchte ich meine eigene Apotheke haben, aber das ist nicht einfach ...

j) ☐ ‹ Nein, eher nicht. Nur wenn eine neue Lieferung kommt, bleibe ich manchmal etwas länger. Alle drei Wochen muss ich samstags arbeiten und hin und wieder einen Nachtdienst machen.

17 Reisen – wichtig oder nicht? Antworten Sie auf die Fragen.

1. Welche Länder würden Sie gern besuchen und warum?
2. Könnten Sie es sich vorstellen, für Ihren Beruf zu reisen? Wenn ja, wie oft?
3. Was ist Ihnen persönlich beim Reisen besonders wichtig?
4. Was bedeutet für Sie Reisestress?

18 Sie wollen mit einer Freundin nach Berlin fahren und reservieren im Hotel. Schreiben Sie eine E-Mail. Nutzen Sie die Punkte.

– Doppelzimmer: 3 Übernachtungen, vom 29. 07. bis zum 01. 08.
– Ankunft nach 20:00 Uhr / Rezeption noch besetzt?
– ruhiges Nichtraucher-Zimmer
– Bitte um Bestätigung

Prima Vera
Hotel Garni
Waldstraße 44 · 10756 Berlin
Fon 030-81003-0 · Fax 030-81003-106
Email: parco@hotel-primavera.net
www.Hotel-PrimaVera.net

19 Eine Städtereise.
a) Notieren Sie Stichwörter zu jedem Tag dieser Reise.

1. Tag: Ankunft in Berlin   *2. Tag: im Zoo*   *3. Tag: Open Air-Konzert*   *4. Tag: tolles Essen*

b) Erzählen Sie Ihrem Partner/Ihrer Partnerin im Kurs von dieser Reise. Dann wechseln Sie die Paare. Vergleichen Sie.

Männer und Frauen

Wortschatz

1 Streit. Was wollen die damit sagen? Kreuzen Sie an.

1. Es ist immer dasselbe mit dir!
a) ☐ Du machst immer wieder die gleichen Fehler. b) ☐ Du bist genau wie mein Vater.

2. Ach, ja? Mach doch mal eine deutliche Ansage.
a) ☐ Was willst du damit genau sagen? b) ☐ Sag mir nicht, was ich tun soll.

3. Du übernimmst überhaupt keine Verantwortung.
a) ☐ Du hast keinen Erfolg im Beruf. b) ☐ Du kümmerst dich nicht um wichtige Dinge.

4. Ständig meckerst du an mir rum!
a) ☐ Manchmal magst du mich nicht. b) ☐ Immer kritisierst du mich.

5. Dir ist völlig egal, wie es mir geht!
a) ☐ Ich bekomme zu wenig Aufmerksamkeit. b) ☐ Du bist einfach dumm.

6. Bleib doch locker.
a) ☐ Du bist nicht ernst genug. b) ☐ Mach nicht so einen Stress!

2 Was passt nicht? Streichen Sie durch.

1. das Vorurteil: dumme blonde Frauen – kleine arrogante Männer – hübsche Kinder – geizige Millionäre
2. der Charakter: geizig – elegant – tolerant – vernünftig – fair
3. das Signal: missverständlich – deutlich – spontan – klar
4. der Kinderwagen: heben – schieben – fahren – lächeln
5. die Beziehung: die Ursache – der Konflikt – die Liebe – die Eifersucht – die Erwartung

3 Warum? Verbinden Sie und schreiben Sie Sätze wie im Beispiel.

1. Niemand versteht ihn.
2. Diana und ihr Mann haben ständig Streit.
3. Thorsten findet keine Freundin.
4. Die Mädchen sprechen Daniel nicht an.
5. Das war mein größter Misserfolg.
6. Die Kollegen finden Tim lustig.
7. Ich kann keine E-Mails mehr bekommen.

a) er / zu schüchtern wirken
b) er / Witze erzählen / gut können
c) ich / zu spontan gehandelt haben
d) sie / seine Eifersucht / stören
e) das Postfach / voll sein
f) er / sich missverständlich ausdrücken
g) seine Erwartungen / zu hoch sein

1. Niemand versteht ihn, weil er sich missverständlich ausdrückt.

4 Kleidung: Ich bin, was ich trage? Ergänzen Sie den Text auf der nächsten Seite.

angreifen • ~~ausdrücken~~ • elegant • empfinden • Erwartungen • Führungsposition • Geschäft • Hindernis • Klischee • männlich • Signal • stellen • Urteil • Vorurteil

Was ___drückt___ ein Mensch mit seinem Kleidungsstil ___aus___? Was _____[1]

andere als attraktiv? Diese Fragen hat sich bestimmt schon jeder einmal

_____[2]. Denn wir wissen, dass man sich in den ersten Minuten ein

_____[3] über eine Person bildet. Ein falsches Outfit kann da sehr schnell

zum _____[4] werden. Deshalb versuchen wir, mit unserer Kleidung bestimmte

_____[5] auszusenden. Ein Anzug oder ein _____[6] Kostüm

soll zeigen, dass die Person eine _____[7] in der Firma hat. Kleidung

kann andere auch _____[8]: Die Punkbewegung der 80er-Jahre hat mit

ihrem Aussehen gegen die Gesellschaft protestiert. Das, was man trägt, kann auch

besonders _____[9] oder weiblich sein. So werden _____[10]

geweckt, die manchmal täuschen können. Denn vor allem die Art, wie jemand gekleidet ist,

lässt uns in _____[11] denken. Aber das Spiel mit den _____[12] kann

auch Spaß machen und für die Werbung ist es tägliches _____[13].

Grammatik

5 *Sowohl ... als auch, entweder ... oder, weder ... noch.* Ergänzen Sie.

Drei goldene Regeln

1. Über Mode und Schönheit kann man _____ vernünftig _____ sachlich

   diskutieren: Jeder hat seine eigene Meinung und es gibt keine objektiven Urteile.

2. _____ kommt man zu gar keinem Ergebnis _____ es gibt einen Streit.

3. _____ Männer _____ Frauen haben ihre Schönheitsideale, die aber oft

   nicht viel mit der Realität zu tun haben.

6 Herzblatt. Mein Traumpartner? Wie soll er/sie sein?
Schreiben Sie Sätze mit *sowohl ... als auch, entweder ... oder, weder ... noch.*

> Meine Traumfrau
> sollte weder sehr
> groß noch besonders
> dünn sein.

1. − −: sehr groß / besonders dünn sein
2. − −: eine Katze / einen Hund haben
3. a/b: meine Freunde / Fußball mögen
4. + +: kochen können / einen Job haben
5. − −: schüchtern / zu selbstbewusst sein
6. + +: zu mir halten / ehrlich sein

a/b: viel Geld haben / schön sein
+ +: Tiere mögen / gerne wandern
− −: Fußball gucken / Bier trinken
a/b: im Haushalt helfen / gerne kochen
a/b: politisch interessiert sein / viel lesen
+ +: selbstständig / selbstbewusst sein

7 Warum ist Hans Meier in seinem Job unzufrieden? Notieren Sie seine Gründe mit *während*-Sätzen wie im Beispiel.

Beispiel: Ich mache dauernd Überstunden. Mein Kollege geht immer um Punkt fünf.

Ich bin jetzt seit zwei Monaten in der Firma. Aber nichts läuft so, wie ich es mir vorgestellt habe:

➤ Während ich dauernd Überstunden mache, geht mein Kollege immer um Punkt fünf.

1. Ich erwarte klare Aufgaben. Der Chef sagt nie, was er genau will.
2. Ich möchte mich auf das Projekt konzentrieren. Ich muss tausend andere Dinge erledigen.
3. Ich werde unfreundlich behandelt. Die Frauen bekommen Komplimente.
4. Ich möchte sachlich über die Probleme sprechen. Von den anderen kommen nur spontane Vorschläge.

8 Silberne Hochzeit. Ergänzen Sie *derselbe, dasselbe, dieselbe*.

Nominativ:
1. Das ist _____ Anzug, den Hans auf der Hochzeit trug.

2. Im Schrank hängt _____ Kleid wie auf dem Hochzeitsfoto.

3. _____ Kirche wie damals – das ist wichtig!

4. _____ Gäste wollen kommen – ein Glück, dass sie alle können.

Dativ:
1. Die Feier findet an _____ Ort statt und in _____ Restaurant.

2. Ob wir die Gäste auch mit _____ Speisekarte überraschen können?

3. Aber sicher nicht mit _____ Kellnern – sie sind bestimmt schon Rentner.

Akkusativ:
1. Wir machen aber nicht _____, sondern denken uns etwas Neues aus.

2. Ob wir auch _____ Musik spielen wollen, wissen wir noch nicht.

3. Es ist schon lustig, dass man auf der Silbernen Hochzeit _____ Mann bzw.

_____ Frau noch einmal heiratet.

9 Mädchen in der Ausbildung. Wählen Sie die passende Konjunktion und verbinden Sie die Sätze.

Beispiel:
Die Leistungen von Mädchen in der Schule sind besser. Nur ca. zehn Prozent der Professoren sind Frauen. (obwohl/weil) ➤ Obwohl die Leistungen von Mädchen in der Schule besser sind, sind nur ca. zehn Prozent der Professoren Frauen.

1. An den Hauptschulen sind Mädchen in der Minderheit. An den Gymnasien sind sie mit 52,9 Prozent in der Mehrheit. (dass / während)
2. Immer mehr Mädchen das Abitur machen. Heute studieren mehr Frauen als Männer. (obwohl / weil)

3. Mädchen haben genauso viel Talent für Mathematik und Naturwissenschaften. Mehr männliche Studenten wählen technische oder naturwissenschaftliche Fächer. (damit / obwohl)
4. Die Interessen von Jungen und Mädchen werden auch von den Rollenerwartungen beeinflusst. Die Entwicklung in der Schule ist unterschiedlich. (ob / weil)
5. Man möchte auch die Leistungen von Jungen wieder verbessern. Man sucht nach Konzepten zu ihrer Förderung. (obwohl / weil)
6. Außerdem wird diskutiert: Soll man wieder Mädchenschulen einführen? (dass / ob)
7. Man hat die Hoffnung. Die Mädchen entwickeln sich so besser und ohne Hindernisse. (dass / ob)

Lesen

10 Lesen Sie die Überschrift. Was könnte das Bild damit zu tun haben?
a) Notieren Sie Ihre Vermutungen.

Frauen und Führungspositionen

b) Lesen Sie den Text und vergleichen Sie: Hatten Sie recht?

Wenn Sie zur Mittagszeit die Cafeteria einer großen Firma in Deutschland besuchen, kann die hohe Zahl von Männern in Anzug und Krawatte überraschen. Ironischerweise dies gerade in einem Land, in dem die Frauenbewegung von Anfang an mit aktiv war, und das heute zum ersten Mal in seiner Geschichte von einer Kanzlerin regiert wird. Es ist erstaunlich, wie wenige Geschäftsfrauen in Deutschlands Firmen Führungspositionen haben. Sieht man sich die Firmenfotos von der Geschäftsführung an, findet man so häufig eine Frau wie ein vierblättriges Kleeblatt auf einer großen Wiese. Zu wenig Frauen in Führungspositionen – das ist ein Problem in Deutschland, an dem Politik und Wirtschaft zurzeit intensiv arbeiten. Während etwa 60 Prozent aller Frauen zwischen 15 und 65 nicht zu Hause arbeiten, sind doch nur 30 Prozent in einem qualifizierten Beruf tätig und davon wiederum nur zwei Drittel in Vollzeit beschäftigt. Was hält die Frauen von einem hochqualifizierten Arbeitsplatz und vom Karrieremachen fern, obwohl heute mehr Frauen als Männer studieren und oft auch die besseren Noten haben? Die Meinungen dazu gehen auseinander und reichen von Ungerechtigkeit am Arbeitsplatz über Ungleichbezahlung bis zum Fehlen von beruflichen Zielen auf Seiten der Frauen.
Eindeutig feststellen kann man, dass in Deutschland eine solche Mischung aus kultureller Tradition und sozialer Gesetzgebung herrscht, dass Frauen eher dazu neigen, sich gegen eine berufliche Karriere zu entscheiden und andere Dinge wichtiger zu finden.

c) Lesen Sie noch einmal und kreuzen Sie an: richtig oder falsch?

	richtig	falsch
1. Die Männer verbringen auf der Arbeit mehr Zeit im Café als im Büro.	☐	☐
2. Weil Deutschland eine Kanzlerin hat, gibt es auch mehr Frauen als Chefs.	☐	☐
3. Politiker und Firmen wollen, dass mehr Frauen in die Chefetagen kommen.	☐	☐
4. 65 Prozent aller Frauen in Deutschland arbeiten in einem qualifizierten Beruf.	☐	☐
5. Männer haben die besseren Noten und machen deshalb Karriere.	☐	☐
6. Für das Fehlen von Frauen in Chefetagen werden viele Ursachen diskutiert.	☐	☐
7. Viele Frauen wollen nicht unbedingt Karriere machen.	☐	☐

11 Ein Interview.

a) Lesen Sie die Antworten und ordnen Sie die Fragen zu.

a) *Psychologie im Alltag:* Wie schafft man das?
b) *Psychologie im Alltag:* Was tue ich, wenn es immer wieder zu einem Streit kommt?
c) *Psychologie im Alltag:* Kommunikation sollte doch nicht so schwer sein: Leute reden miteinander, sind nett und höflich und klären so ihre Probleme ...
d) *Psychologie im Alltag:* Kann ein richtiger Krach denn auch mal hilfreich sein?
e) *Psychologie im Alltag:* Warum sind Diskussionen mit manchen Kollegen leichter?

Interview

Streitkultur am Arbeitsplatz: Darf es auch mal krachen?

Trainerin Rosa Bielmann sagt: Wenn die Beziehung stimmt, kann ich meinem Kollegen auch mal deutlich die Meinung sagen. Aber ich muss immer zeigen, dass ich ihn oder sie als Person schätze.

1. _____

R. Bielmann: Wenn es den Gesprächspartnern gelingt, nett und höflich zu bleiben, wäre das schon einmal ein Anfang. Bei einer guten Kommunikation muss man bei den sachlichen Dingen klar sein und auf der Beziehungsebene sollte man freundlich bleiben. Dann kann man andere Ideen auch mal nicht gut finden – und das auch sagen. Viele denken, gute Kommunikation heißt, man ist immer derselben Meinung. Das stimmt nicht. Aber man kann dem anderen signalisieren: Ich habe eine andere Meinung als du, aber als Person schätze ich dich.

2. _____

R. Bielmann: Viele Führungskräfte wollen in einer Sitzung nur ihre Themen besprechen – und das möglichst schnell. Dabei kümmern sie sich weniger um die Gefühle ihrer Mitarbeiter oder um die Beziehung zu ihnen. Oft hilft es schon, zu wissen, dass diese Ebene für das Funktionieren von Gesprächen sehr wichtig ist. Dazu ein einfaches Beispiel: Statt zu sagen: „So ein Quatsch, was soll der Unsinn?" kann man auch sagen: „Ich habe nicht ganz verstanden, was Sie genau wollen". So drücke ich meinen Respekt vor der anderen Person aus und fordere trotzdem eine deutlichere Erklärung auf der sachlichen Ebene.

3. _____

R. Bielmann: Wenn man sich schon gut versteht, kann man auch leichter unangenehme Dinge sagen. Denn das Vertrauen ist schon da. Fehlt dieses Vertrauen, kann es viel eher zu Missverständnissen und Verletzungen kommen. Dann ist es besonders wichtig, respektvoll zu sein. Besonders wenn noch andere Kollegen dabei sind.

4. _____

R. Bielmann: Ja, das ist besser, als immer wieder zu reden, ohne klare Ansagen zu machen. Aber es ist wichtig, danach noch einmal in einer ruhigen Minute über den Streit zu sprechen, um die Beziehung zum anderen zu klären.

5. _____

R. Bielmann: Die Situation kann sich nur ändern, wenn sie auch angesprochen wird. Reden Sie dabei auch über das „Wie". Sagen Sie zum Beispiel: *Ich würde gern etwas zum Inhalt der Diskussion sagen und auch zum Ton. Ich fange mal mit dem Ton an. Der macht mir zu schaffen, denn ich empfinde es als unfreundlich wie Sie mit mir reden. Es wäre mir sehr wichtig, wenn wir anders miteinander sprechen könnten. Und zum Inhalt kann ich Folgendes sagen ...* Diese Sätze kann man ruhig auswendig lernen. Denn Sie können helfen, eine angenehme Streitkultur zu entwickeln.

b) Ordnen Sie diese Aussagen den Antworten aus dem Interview zu.

a) Ein Streit kann auch gut sein, aber man muss darüber sprechen. • b) Wenn ich jemanden gut kenne, ist ein Gespräch leichter. • c) Wenn die Kommunikation nicht klappt, sollte man das Problem ansprechen. • d) Man kann unterschiedlicher Meinung sein, aber man darf den Gesprächspartner nicht verletzen. • e) Viele Führungskräfte achten bei Besprechungen zu wenig auf die Beziehung zu den Mitarbeitern.

c) Was ist die wichtigste Idee im Text? Beschreiben Sie sie in einem Satz.

Kommunikation

12 **Beschreiben Sie das Bild. Nutzen Sie die Leitfragen.**

– Was will der Mann von der Frau?
– Welchen Vorschlag macht die Frau?
– Wie würden Sie den Charakter des Mannes / der Frau beschreiben?
– Was würden Sie in dieser Situation tun?

13 **Sie haben sich mit einem Kollegen gestritten und möchten mit ihm sprechen.**
Schreiben Sie ihm eine E-Mail oder einen Zettel. Nutzen Sie die Punkte.

– der Streit tut Ihnen leid
– um ein persönliches Gespräch bitten / weiter gut zusammenarbeiten wollen
– sich in der Cafeteria zusammensetzen
– einen Termin für das Treffen vorschlagen

Lieber … / Lieber Herr …
wir hatten ja …

14 **Männer und Frauen am Arbeitsplatz. Wie ist es in Ihrem Land?**
a) Notieren Sie Stichpunkte zu den Fragen.

– Verdienen Frauen und Männer dasselbe, wenn sie die gleiche Arbeit machen?
– Werden Frauen im Gespräch öfters von Männern unterbrochen?
– Werden Männer im Gespräch öfters von Frauen unterbrochen?
– Haben Frauen und Männer die gleichen Chancen, Chef/in zu werden?

b) Lesen Sie Ihre Notizen. Sie möchten über das Thema im Kurs sprechen.
Üben Sie vor dem Spiegel, was sie sagen möchten.

15 **Wie würden Sie reagieren? Schreiben Sie je eine Antwort.**

1. Wenn wir ein Kind bekommen, musst du deinen Beruf die nächsten drei Jahre aufgeben.

2. In der Ehe ist es nicht das Wichtigste, treu zu sein.

3. Es gibt keine Freundschaft zwischen Männern und Frauen.

4. Die Liebe ist heute immer noch dieselbe wie vor hundert Jahren.

Schreiben

Im Prüfungsteil Schreiben sollen Sie eine Kurzmitteilung schreiben. Sie bekommen zwei Aufgaben.
Sie können eine Aufgabe auswählen.
Lösen Sie die Aufgabe Schritt für Schritt (s. Seite 69).

Wählen Sie Aufgabe A oder B. Zeigen Sie, was Sie können. Schreiben Sie möglichst viel.
Schreiben Sie Ihre Antwort auf den Antwortbogen.

Aufgabe A
Sie besuchen einen Deutschkurs. Sie können diese Woche nicht mehr in den Kurs kommen und
schreiben an Ihren Lehrer, Herrn Schote.
Schreiben Sie auch eine Anrede und einen Gruß.

– Grund für Ihr Schreiben
– Entschuldigung
– Hausaufgaben
– Rückkehr in den Kurs

Aufgabe B
Sie haben in einem Café ein Probe-Abo für eine Tageszeitung angenommen. Sie wollen die
Tageszeitung nicht weiter bekommen und schreiben an das Ulmer Tageblatt. Schreiben Sie auch
eine Anrede und einen Gruß.

– Grund für Ihr Schreiben
– Zeitpunkt, seit wann Sie die Zeitung bekommen
– Dank für die Lieferung
– Bitte um Bestätigung der Kündigung

Antwortbogen

Schritt 1: Auswählen

Sie müssen nur eine Aufgabe lösen: A oder B. Wählen Sie die Aufgabe aus, die Sie persönlich am einfachsten finden. Aber entscheiden Sie sich schnell. Verstehen Sie manche Wörter bei B nicht? Dann nehmen Sie A. Oder umgekehrt.

Schritt 2: Die Situation genau lesen

Lesen Sie die Situation genau und machen Sie sich Notizen, zum Beispiel:

A: *Deutschkurs, nicht kommen können, Entschuldigung und Grund, ...*
B: *Abo seit ..., Tageszeitung soll nicht mehr kommen ...*

Schritt 3: Die vier Punkte genau lesen

Überlegen Sie, was Sie zu den vier Punkten schreiben wollen. Notieren Sie Stichpunkte, zum Beispiel:

A: *1: Kind krank, muss zu Hause bleiben, 2. Tut mir leid (Fehlen entschuldigen), 3: wer kann mir Hausaufgaben bringen?, ...*
B: *1: brauche keine Tageszeitung, 2: seit 3 Wochen / Datum, ...*

Schritt 4: Den Brief beginnen

Schreiben Sie Ort, Datum und die passende Anrede auf den Antwortbogen. Überlegen Sie, ob Sie die Person gut oder weniger gut kennen (Du oder Sie?). Wenn Sie keinen Namen kennen, schreiben Sie „Damen und Herren". Vergessen Sie nicht das Komma hinter der Anrede, danach geht es klein weiter!

Schritt 5: Einen Satz oder zwei zu jedem Punkt schreiben.

Schreiben Sie nun den eigentlichen Brief. Schreiben sie dafür zu jedem Punkt einen oder zwei Sätze. Lassen Sie Platz zwischen den Sätzen, damit Sie korrigieren können.

Schritt 6: Den Brief beenden

Überlegen Sie sich einen passenden Schlusssatz, zum Beispiel:

A: *Ich hoffe, am nächsten Montag wieder da zu sein.*
B: *Danke für Ihre Mühe.*

Wählen Sie eine passende Grußformel und vergessen Sie nicht Ihren Namen.

Schritt 7: Den Brief überprüfen

Lesen Sie Ihren Brief noch einmal und achten Sie auf folgende Punkte:

Checkliste:
– Ort und Datum?
– Anrede?
– alle 4 Punkte bearbeitet?
– Schlusssatz, Gruß und Unterschrift?
– Anredeformen *Sie / Ihnen / Ihr* groß geschrieben?
– Nomen groß geschrieben?
– Verbformen richtig?
– Satzverbindungen stimmen?

Lebenslinien

Wortschatz

1 Was heißt hier arm? Ergänzen Sie den Text mit den Nomen.

die Armut • der Daumen • das Einkommen • die Einnahmen • die Erlaubnis • die Stadtverwaltung • die Sachbearbeiter *(Pl.)* • die Unterstützung

Oliver: „Ich bin Straßenkünstler und habe keine feste Wohnung und auch kein festes _____[1]. Ich ziehe von Stadt zu Stadt und mache Musik. Manchmal ist es kompliziert, dafür eine _____[2] von der _____[3] zu bekommen. Aber die meisten _____[4] sind ganz nett. Klar, manchmal sind meine _____[5] nicht so toll. Aber ich brauche nicht viel Geld und _____[6] vom Staat will ich nicht. Ich habe auch kein Auto: Wenn ich reisen will, halte ich an der Autobahn einfach den _____[7] hoch. Manche nennen mich arm, aber ich würde meine „_____"[8] gegen kein Geld der Welt eintauschen!"

2 Welches Verb passt? Ergänzen Sie.

abziehen • anmelden • aufteilen • aussehen • kündigen • (sich) schämen • ~~spüren~~ • vorhaben

1. den Stress im Alltag *spüren*
2. noch sehr viel im Leben _____
3. sich für seine Armut _____
4. einen Nebenjob beim Jobcenter _____
5. die Einnahmen von der Unterstützung _____
6. seinen Job selbst _____
7. gepflegt und schön _____
8. die Arbeit im Team _____

3 Angekommen.
a) Ergänzen Sie den Text.
anfangen • angestellt (sein) • bereuen • elektronisch • knapp • (sich) gewöhnen an • suchen • ungefähr • verlassen • weitergehen • (sich) wohlfühlen • verbinden

Nadja Jussim: „Als ich 18 Jahre alt war, musste ich meine Heimat _____[1], weil ich nicht wusste, wie es _____[2] sollte. Ich ging zuerst nach Schweden, aber irgendwie konnte ich mich nicht an das Land und an die Sprache _____[3]. Ich habe mich dort nicht _____[4]. Dann habe ich in der Schweiz ein englischsprachiges Studium _____[5]. Das war gut, aber das Geld war immer zu _____[6] und deshalb musste ich mir unbedingt einen Nebenjob _____[7]. Zuerst bekam ich nur

Absagen. Es war eine schwere Zeit. Trotzdem habe ich nie _____[8], dass ich weg-

gegangen bin. _____[9] zwei Monate später fand ich einen Job in einem Kaufhaus,

in der Abteilung für _____[10] Geräte. Jetzt bin ich dort in Teilzeit fest

_____[11] und mein Studium läuft auch gut. Ich _____[12] meine

Zukunft mit der Schweiz – und ich freue mich darauf!

b) Überprüfen Sie Ihre Lösung. Dann machen Sie aus dem *Ich*-Text einen *Sie*-Text.

Als Nadja Jussim 18 Jahre alt war, musste sie ihre Heimat ...

Grammatik

4 **Vermutungen: Vater und Sohn allein zu Haus. Schreiben Sie die Antworten des Vaters.
Benutzen Sie *wahrscheinlich*, *bestimmt*, oder *vielleicht* und das Futur I.**

1. ‹ Papa, warum sieht sich Mama nicht mit uns zusammen das Fußballspiel an?

   ▮ *Sie wird bestimmt viel zu tun haben.* _____

   viel zu tun haben

2. ‹ Warum geht Oma nicht ans Telefon?

   ▮ _____

   nicht zu Hause sein

3. ‹ Warum isst Corinna heute nicht mit uns?

   ▮ _____

   bei ihrem Freund essen

4. ‹ Warum sagt Mama, ich darf nicht mehr zu Lisa gehen?

   ▮ _____

   ?

   ihre Gründe haben

5 **Wünsche und Vorstellungen: Was denkt die junge Frau? Schreiben Sie Sätze und benutzen Sie
bestimmt, *vielleicht*, *hoffentlich* und das Futur I.**

Nadine / in
den Kindergarten
gehen

1.

sie / Deutsch
und Russisch
sprechen

2.

wir / mit der
Kleinen / oft nach
Russland /
fahren

3.

die Groß-
eltern / uns
helfen

4.

alles /
gut gehen

5.

*1. Nadine wird vielleicht in
den Kindergarten gehen.*

6 Das wird schön! Mein Neffe muss in der Schule einen Vortrag über die Zukunft halten. Welche Vorteile nennt er? Schreiben Sie den Text in Futur I.

1. Das Gerät bringt jeden Menschen und jeden Gegenstand an jeden Ort.
2. Jeder hat ein eigenes Transportportal zu Hause und wir brauchen keine Autos mehr.
3. Man entfernt alle Straßen und auf den Autobahnen wachsen Bäume.
4. Ohne Flugzeuge und Autos gibt es keinen Klimawandel mehr.
5. Man macht alle Flughäfen und Bahnhöfe zu großen Vergnügungsparks.
6. Die Welt ist viel sauberer und schöner.

7 Sag niemals nie! Futur I und Perfekt. Schreiben Sie wie im Beispiel. Unten finden Sie Hilfen.

Sascha ist Pessimist, aber eigentlich läuft es ganz gut.
Beispiel: eine Wohnung kaufen ☛ Er sagte: „Ich werde nie eine Wohnung kaufen", und jetzt hat er sogar ein Haus gebaut.

1. mein Studium beenden • 2. reisen können – 3. eine gute Arbeit finden – 4. einen Hund halten können – 5. eine Familie haben

heiraten und Zwillinge bekommen • den Doktor machen • in seinem Traumjob arbeiten • ein Pferd kaufen • eine Weltreise machen

8 Wiederholung: Genitiv.
a) Wissen Sie es noch?
Wie verändert sich der Artikel im Genitiv?

der Mann und das Kind ☛ Die Hosen _____ Mannes und _____ Kindes sind blau.

die Frau ☛ Das Kleid _____ Frau ist grün.

Und die unbestimmten Artikel?

b) Schreiben Sie jetzt die Ergänzungen im Genitiv.

> 🌻 *Tipp*
> *1. Denken Sie an das s am Ende – oder ist es eine n-Deklination?*
> *2. Adjektive nach Artikel im Genitiv haben immer die Endung -(e)n.*

Franz Brauhoff ist Millionär. Als Sohn _____[1] und

_____[2] glaubte er eigentlich nie daran, das Leben

_____[3] führen zu können.

Als junger Mann arbeitete er in der Bäckerei _____[4],

aber er fühlte sich in der Rolle _____[5] nicht wohl.

Er folgte dem Beispiel _____[6] und ging nach Frankfurt.

Dort hatte er das Glück, eine Frau kennenzulernen, die das Talent

_____[7] für Wirtschaft und Börsengeschäfte entdeckte.

ein Arbeiter
eine Hausfrau
ein reicher Mann
sein Nachbar
der ewige Lehrling
sein Freund Karl
der junge Mann

Sie hatte gute Kontakte und half ihm, die Stelle _____8
zu bekommen. Als Makler kannte er die Entwicklung _____

_____9 und verdiente ein Vermögen. Jetzt schreibt er

Bücher über das Leben _____10 und verdient auch

damit nicht wenig Geld.

ein Börsenmakler

die Immobilienmärkte

die Reichen

9 Wiederholung: Präteritum. Ein Märchen? Ergänzen Sie die Verben im Präteritum.

*Auch heute noch findet man auf Volksfesten manchmal ein Zelt,
in dem eine Wahrsagerin für etwas Geld ihren Besuchern etwas
über ihre Zukunft erzählt.*

Auch Marcel (wollen) _____1 sich wenigstens einmal ansehen, wie das funktioniert –

natürlich nur zum Spaß. Er (gehen) _____2 hinein, als seine Freunde Michael und

Thomas draußen noch (lachen) _____3. Eine sehr alte Frau (sitzen) _____4

am Tisch. Sie (sehen) _____5 ihn ruhig an, (sagen) _____6 aber nichts.

Marcel (legen) _____7 zehn Euro in die Kasse, die auf dem Tisch (stehen)

_____8. Die Wahrsagerin (lesen) _____9 ihm weder aus der Hand noch

(besitzen) _____10 sie eine Kristallkugel. Sie (anfangen) _____ aber

_____11, zu erzählen: „Ich sehe an deinen Augen, dass du allein bist". „Ja, (denken)

_____12 Marcel, das weiß ich, auch ohne zehn Euro dafür zu bezahlen." „Und du

wünschst dir eine glückliche Beziehung." Marcel (werden) _____13 langsam ungedul-

dig. In diesem Augenblick (geben) _____14 ihm die alte Frau sein Geld wieder in die

Hand und sagte: „Ja, du hast Recht, diese Worte sind kein Geld wert." Er (nehmen)

_____15 das Geld und stand auf. Sie machte ein Zeichen mit der Hand und er

(bleiben) _____16 stehen. Sie (sprechen) _____17 sehr leise: „Du bist allein,

weil du nichts dagegen tust. Auch jetzt erwartest du, dass ich dir sage, wie es mit deinem Leben

weitergehen soll. Doch diese Frage kannst nur du dir beantworten." Marcel (spüren)

_____18, dass sie Recht (haben) _____19, aber er (ärgern)

_____20 sich auch. Aber wahrscheinlich (helfen) _____21 ihm ihre

Worte.

Denn kurz danach (müssen) _____22 er mit seiner Katze zur Tierärztin – und ein

Jahr später (heiraten) _____23 er sie!

Lesen

10 Schulden – und was jetzt?

a) Lesen Sie den Text und die Überschriften. Welche passt am besten?

A **Schulden machen für eine Schauspielkarriere?**

B **Lars Mausemann* sitzt auf einem Schuldenberg**

C **Immobilien – eine sichere Altersvorsorge**

Viele Freunde ahnten es schon seit Jahren, doch die Fans wissen es erst seit heute: Lars Mausemann*, der beliebte Fernsehstar und Schauspieler, ist bankrott: Schulden in Höhe von fast
5 einer Million Euro! Immer wieder kommen den Fernsehzuschauern seine wunderbaren Rollen in Filmen und Serien, seine Auftritte in Fernsehshows und Konzerten in Erinnerung.
Er ist ein guter Schauspieler und Musiker. Wie
10 konnte es also dazu kommen, dass er so einen hohen Schuldenberg aufgehäuft hat? Die Antwort ist einfach: Schlechte Berater, die ihm windige Immobilienobjekte empfahlen. Anstatt etwas für die Altersvorsorge anzulegen, hat er
15 nun sein Geld verloren. Wahrscheinlich wird er sein Haus verkaufen müssen und trotzdem noch Schulden haben. Freunde des Schauspielers haben ihm bereits Geld geschenkt und im Internet die Fans gebeten, für ihn zu spenden.
20 Einige sind dem Aufruf gefolgt, aber er hat auch für heftige Kritik in den Foren gesorgt: „Schlechte Berater hin oder her – für seine Schulden ist jeder selbst verantwortlich und wenn Lieschen Müller von nebenan das Wasser
25 bis zum Hals steht, dann spendet ihr auch niemand Geld."

Immer wieder liest man von Künstlern, die in die Schuldenfalle getappt sind. Aber sind sie nicht nur ein Spiegelbild einer Gesellschaft, in
35 der jeder glaubt, sich alles sofort kaufen zu müssen und später bezahlen zu können? Banken und Geschäfte geben gern Kredite, weil sie gut daran verdienen – bis es dann eines Tages zu spät ist ...

* Name von der Redaktion geändert

b) Im Text finden Sie den passenden Ausdruck. Ergänzen Sie.

1. Wenn man seine Schulden nicht mehr bezahlen kann, ist man _____.

2. Man hat hohe Kredite aufgenommen und sitzt jetzt auf einem _____.

3. Man hat etwas gekauft, das seinen Preis nicht wert war. Das war ein _____ Geschäft.

4. Wenn ich mich um später kümmere, lege ich Geld für _____ an.

c) Steht das so im Text? Lesen Sie noch einmal und kreuzen Sie an.

	richtig	falsch
1. Lars Mausemann hat Geschäfte mit Häusern gemacht und kann jetzt seine Schulden nicht mehr bezahlen.	☐	☐
2. Zum Glück halfen ihm die Fans und spendeten eine Million Euro.	☐	☐
3. Auch ganz „normale" Menschen machen immer mehr Schulden.	☐	☐

Kommunikation

11 Würden Sie dem Schauspieler Geld spenden? Was ist Ihre Meinung? Ordnen Sie sich auf der Skala ein und schreiben Sie einen Kommentar.

Wenn seine Fans helfen wollen, können sie es doch gern tun.

Warum sollten Fans die Millionen-Villa des Schauspielers finanzieren? Ich finde das unmöglich!

12 Wo sehen Sie* sich in zehn Jahren? Schreiben Sie einen Text (ca. 200 Wörter). Nutzen Sie die Punkte.

– Was werden Sie beruflich machen?
– Wo und mit wem werden Sie wohnen?
– Wie werden Sie aussehen?
– Welche Hobbys werden Sie haben?

* Wenn Sie nicht über sich selbst schreiben möchten, schreiben Sie einen Text über einen Freund/eine Freundin oder eine/n Verwandte(n).

13 Ich wandere aus! Antworten Sie auf die Mail. Nutzen Sie die Punkte.

> ○ ○ ○
>
> Lieber Jens,
> wie du sicherlich weißt, habe ich meinen letzten Urlaub in Südamerika verbracht. Ich war dort so glücklich, dass ich beschlossen habe, nach Peru zu ziehen. Zum Glück kann ich auch von dort aus arbeiten (Internet macht's möglich ☺). Ich habe in der Nähe von Ica schon ein schönes Häuschen zur Miete gefunden und meine Eltern haben mir ihre Unterstützung versprochen. Ich hoffe, ihr werdet mich schon bald besuchen. Hin und wieder fliege ich sicher auch mal nach Hause. In der Zwischenzeit skypen wir, okay?
> Viele Grüße
> Joachim

– Sie sind sehr überrascht.
– Sie fragen nach der Sprache (Spanisch).
– Sie machen sich Sorgen, dass er keine Freunde und Bekannte hat.

14 Nachfragen. Welche Reaktion finden Sie richtig? Sprechen Sie Minidialoge und nehmen Sie sich auf.

◄ Meine Oma hat den Jackpot im Lotto gewonnen, 36 Millionen! ▮ Was?! Ist das wahr?

Frau Nolte hat gekündigt und macht eine Weltreise.
Ulli hat gestern geheiratet.
Unser Sohn ist der beste Schüler in seiner Klasse.
Rita hat sich arbeitslos gemeldet.
Natascha ist schwanger.

Ach, wirklich? • Bist du da auch ganz sicher? • Stimmt das? • Meinst du, das ist wirklich so? • Das ist doch nicht wahr, oder?

Das Ende der Mauer

Wortschatz

1 Geschichte und Politik. Sehen Sie sich die Fotos an und ordnen Sie die Wörter zu. Ergänzen Sie weitere.

die Botschaft • der/die Bürger/in • die Demonstration • der Druck • die Flucht • die Grenze • die Macht • die Revolution • die Zone • der Zweifel

die Demonstranten

die Mauer

2 Textpuzzle zur Geschichte.
a) Ordnen Sie jeder hellgrünen Karte eine dunkelgrüne zu. Dann schreiben Sie die Sätze in Ihr Heft.

1. Während die DDR-Regierung um das Image ihres Landes kämpfte,	**2.** Nachdem eine Massenflucht über Ungarn begann,	**3.** Die Lage war sehr ernst,
4. Walter Ulbricht sagte: „Niemand hat die Absicht, eine Mauer zu bauen",	**5.** Eine Mauer mitten durch Deutschland, mitten durch Berlin,	**6.** Doch es gab damals kaum Proteste und keine Demonstrationen,
7. denn die Bürger fühlten sich machtlos.	**8.** war die DDR für viele Westdeutsche einfach nur „die Ost-Zone".	**9.** machte sich das Regime Sorgen um seine Macht.
10. aber trotzdem wurde sie am 13. August 1961 Realität.	**11.** denn die DDR konnte an der Auswanderung der Bevölkerung scheitern.	**12.** die zu einer der am strengsten kontrollierten Grenzen der Welt wurde.

b) *Während die DDR-Regierung um das Image ihres Landes kämpfte, war die DDR ...*

3 Sagen Sie es anders. Ersetzen Sie die Teile, die unterstrichen sind und schreiben Sie den Satz neu. Benutzen Sie:

friedlich · gleichzeitig · ~~historisch~~ · kaum · offiziell · scheitern
Beispiel: Es war ein <u>wichtiges</u> Ereignis <u>der Geschichte</u>.
➤ Es war ein historisches Ereignis.

1. Während der Demonstration gab es <u>keine Konflikte</u>.
2. Die Demonstrationen gegen die DDR-Regierung und die Feierlich-keiten zum 40. Jahrestag der DDR fanden <u>zur gleichen Zeit</u> statt.
3. Die Regierung der Bunderepublik Deutschland konnte den Demonstranten <u>fast gar nicht</u> helfen, aber ein Radiosender aus Westberlin stellte Lautsprecherwagen an der Mauer auf.
4. Die DDR-Regierung wollte damals ihre Meinung zu den Protesten nicht <u>offen</u> äußern.
5. Nach 1991 meinten viele, dass das Projekt „Sozialistischer Staat" <u>nicht funktioniert hat</u>.

Grammatik

4 Nach dem Mauerbau. Markieren Sie die richtige Konjunktion und schreiben Sie Nebensätze wie im Beispiel.

Beispiel: Die Mauer wurde gebaut. Eine Flucht aus der DDR war fast unmöglich. (nachdem / dass / obwohl) ➤ Nachdem die Mauer gebaut wurde, war eine Flucht aus der DDR fast unmöglich.

1. Man hatte die Grenze geschlossen. Viele Familien wurden getrennt. (ob / wenn / nachdem)

_____

2. Das Leben in der DDR kostete nicht viel. Im Westen wurde Geld immer wichtiger. (nachdem / während / obwohl)

_____

3. In Ostberlin durfte man offiziell kein Westfernsehen schauen. Viele Ostberliner kannten die Stars aus der westlichen Welt. (während / ob / obwohl)

_____

4. Die Grenze wurde geöffnet. Viele DDR-Bürger konnten zum ersten Mal in ihrem Leben ins Ausland reisen. (wenn / als / denn)

_____

5. Die beiden deutschen Staaten wurden wiedervereinigt. In den Osten des Landes hat man viel Geld investiert. (seit / wenn / als)

_____

6. Deutschland ist seit über 20 Jahren wieder ein Land. Es gibt noch viele Unterschiede zwischen Ost und West. (weil / obwohl / während)

_____

5 Vera hält bald ihren ersten Vortrag. Sehen Sie sich die Symbole an und beginnen Sie die Sätze mit der passenden Präposition.

vor   nach   während   seit

1. _____ (der letzte Monat)

_____ bereitet sich Vera auf ihren Vortrag für die Konferenz vor.

2. _____ (ihr Vortrag)

_____ möchte sie auch gern Bilder zeigen.

3. Das heißt, dass sie _____ (der Beginn) _____ der Präsentation die Technik testen muss.

4. _____ (die Zugfahrt)

_____ zur Konferenz sortiert Vera ihre Kopien, die sie

_____ (die Veranstaltung) _____ an die Teilnehmer verteilen wird.

6 Der Tränenpalast.

a) Wiederholung Adjektive. Zu welchem Nomen passt welches Adjektiv am besten? Ordnen Sie zu.

1. ein Bahnhof • 2. den Westen • 3. ein Gebäude • 4. mehrere Kontrollen • 5. Grenz-beamten • 6. viele Erinnerungen • 7. der Betonbau • 8. zu seinem Namen • 9. der Krieg • 10. Gefühle • 11. Künstler • 12. Konzerte

a) bedeutungsvoll • b) berühmt • c) blaugrau • d) eher klein • e) „golden" • f) groß • g) kalt • h) modern • i) persönlich • j) streng • k) unfreundlich • l) zahlreich

b) Markieren Sie im Text die Nomen aus a). Dann schreiben Sie den Text mit den passenden Adjektiven in Ihr Heft. Achten Sie auf die Endungen.

Berlin, Bahnhof Friedrichstraße Ein Bahnhof mitten in der Stadt – und ein Grenzübergang. Zu DDR-Zeiten haben hier Millionen Menschen die Grenze zwischen Ost-und Westberlin über-quert. Vor allem Tagesbesucher aus Westberlin, aber auch Rentner aus dem Osten, die den Westen besuchen durften. Für diesen Zweck wurde 1962 direkt neben der Bahnstation ein Ge-
5 bäude gebaut: der Tränenpalast. Wer von der einen Stadthälfte in die andere fahren durfte, musste sich hier durch ein Labyrinth von Gängen kämpfen und mehrere Kontrollen von Grenz-beamten ertragen. Noch heute werden mit diesem Ort viele Erinnerungen und Emotionen verbunden: Abschied und Sehnsucht, Hoffnung und Verzweiflung, Freude und Angst. So kam der Betonbau zu seinem Namen. Hier erlebten die Deutschen aus Ost und West, wie stark der
10 Krieg ihr Leben prägte.
Doch dann kam die Wende und am 2. Juli 1990 feierten die Berliner die erste Fahrt einer S-Bahn von Ost nach West über den Bahnhof Friedrichstraße. Heute kann man im Tränen-palast noch immer Gefühle erleben: Viele Künstler geben hier jedes Jahr Konzerte.

Lesen

7 Das Ende einer ganz persönlichen Mauer.

a) Lesen Sie die Überschrift und sehen Sie sich die Zeichnung an. Was könnte das Thema sein? Notieren Sie Ihre Vermutung.

Die Geschichte einer Trennung

1954 war Anneliese Roth 17 Jahre alt und verliebte sich in einen Mann aus dem Nachbarort. Sie heiratete ihn und zog zu ihm in den Westen. Denn das Haus ihrer Eltern befand sich genau an der Grenze zwischen der DDR und der BRD, am Fluss Werra, im Dorf Wahlhausen. Es war ein altes Bauernhaus mit einem schönen großen Grundstück[1] direkt am Fluss. Aber als die Grenze geschlossen wurde, nahm der Staat einen Teil des Grundstücks, das direkt am Flussufer lag, der Familie einfach weg. Das war aber noch nicht das Schlimmste. Die Eltern von Anneliese Roth durften sie und ihre Schwester Ilse, die auch im Westen lebte, nicht mehr besuchen. Wenn die jungen Frauen zu Besuch kamen, hatten sie Angst, irgendwann nicht mehr aus der DDR herauszukommen. Und eines Tages wurden sie tatsächlich verhaftet[2], saßen zwei Tage in einem dunklen kalten Raum, ohne zu wissen, was passieren würde. Ihnen wurde immer wieder

gesagt, sie sollten nicht mehr in den Westen zurückgehen. Doch die Mädchen sagten immer wieder „Nein" und kamen nach zwei Tagen frei.

Als Anneliese etwas später Kinder bekam, reiste sie mit ihnen nicht in die DDR, weil sie es zu gefährlich fand. Deshalb ging die Familie manchmal ganz nah an die Grenze heran, um die Oma von der Westseite aus zu sehen. Die alte Frau durfte zu ihren Kindern und Enkelkindern kein Wort sagen, nicht einmal winken durfte sie. Sie ging aus dem Haus, arbeitete im Garten und hoffte, so ihre Enkel zu sehen. Eines Tages haben die Kleinen sie gesehen und gerufen: „Oma Frieda!" Danach haben die Grenzsoldaten sogar alle Fenster, von denen man zur Grenze sehen konnte, mit Holzbrettern vernagelt.

Nach der Wende besuchte Anneliese ihre Mutter noch oft. Heute, nach ihrem Tod, ist das Haus verkauft und die neuen Besitzer haben ein Café eröffnet.

1: das Grundstück = Land, Bodenbesitz   2: jdn verhaften = die Polizei nimmt jdn mit

b) Lesen Sie den Text und kreuzen Sie die richtige Aussage an.

1. Als Anneliese Roth 17 Jahre alt war,
   a) ☐ lebte sie in der BRD und verliebte sich in einen Mann aus der DDR.
   b) ☐ zog sie mit ihren Eltern in den Westen und verliebte sich.
   c) ☐ lebte sie in der DDR und verliebte sich in einen Mann aus der BRD.

2. Als die Mauer gebaut wurde,
   a) ☐ verloren die Eltern einen Teil ihres Besitzes und konnten nicht mehr zu ihren Töchtern.
   b) ☐ konnten die Töchter ihre Eltern nicht mehr besuchen.
   c) ☐ bekam Anneliese ein Kind.

3. Anneliese wollte mit Ihren Kindern nicht zu den Großeltern, weil
   a) ☐ die Grenzkontrollen für die Kinder nicht gut waren.
   b) ☐ sie Angst hatte, dass sie wieder Ärger mit der Polizei der DDR bekommen könnte.
   c) ☐ weil sie sich mit ihnen gestritten hatte.

4. Sofort nach der Wende
   a) ☐ wurde das Haus an Westdeutsche verkauft und zu einem Café gemacht.
   b) ☐ ist die Mutter von Anneliese gestorben.
   c) ☐ hatte die Oma noch häufig Kontakt zu ihren Enkelkindern.

c) Schreiben Sie eine Zusammenfassung. Die Aussagen aus b) helfen Ihnen.

8 Ein wichtiger Schritt zur Wiedervereinigung.
a) Lesen Sie den Text schnell und ergänzen Sie die passende Überschrift.

Zu viele Parteien in der DDR-Volkskammer

Trotz der Demonstrationen keine freien Wahlen möglich

Die erste freie Wahl in der DDR

Erstmals seit 40 Jahren konnten die DDR-Bürger am 18. März 1990 frei wählen. Der Tag markierte das Ende der SED-Herrschaft und war ein wichtiger Schritt zur Wiedervereinigung. Die insgesamt 12,4 Millionen wahlberechtigten Bürger in der DDR konnten sich am 18. März 1990 zwischen 19 Parteien und fünf Listenverbindungen entscheiden. Die Wahlbeteiligung lag bei der ersten und gleichzeitig letzten freien Volkskammerwahl bei 93,4 Prozent.
Auf die CDU und den Demokratischen Aufbruch (DA) entfielen 41,7 Prozent der Stimmen, auf die SPD 21,9, auf die Deutsche Soziale Union 6,3, auf die Liberalen 5,9 und auf die ehemalige Sozialistische Einheitspartei SED, die sich inzwischen in Partei des Demokratischen Sozialismus (PDS) umbenannt hatte, 16,4 Prozent der Stimmen. Das wurde als klares Signal für eine schnelle Wiedervereinigung verstanden. Lothar de Maizière trat an die Spitze einer Koalition aus CDU, DSU, DA, SPD und FDP. Mit ihm vereinbarte die Regierung der BRD unter dem Kanzler Helmut Kohl einen Fahrplan für eine Wirtschafts-, Währungs- und Sozialunion zum 1. Juli 1990. Im August 1990 sprach sich die DDR-Volkskammer für den schnellstmöglichen Beitritt zum Geltungsbereich des Grundgesetzes der Bundesrepublik Deutschland aus. Der Einigungsvertrag vom 31. August sah vor, dass die fünf neu gebildeten Länder Brandenburg, Mecklenburg-Vorpommern, Sachsen, Sachsen-Anhalt und Thüringen Länder der Bundesrepublik Deutschland werden.

Quelle: Bundeszentrale für politische Bildung: Erste freie Volkskammerwahl (17.03.2010)

b) Lesen Sie den Text noch einmal und tragen Sie die Parteien in die Grafik ein.

41,7 %

21,9 %

16,4 %

6,3 %

5,9 %

Wahlbeteiligung: 93,4 Prozent

c) Wie geht der Satz weiter? Kreuzen Sie an: a oder b?

1. Vor der Wiedervereinigung
   a) ☐ konnten die DDR-Bürger nicht frei wählen.
   b) ☐ waren Wahlen von der SED verboten.

2. Die erste freie Wahl in der DDR
   a) ☐ spielte keine Rolle für die Wiedervereinigung.
   b) ☐ war für die Vorbereitung der Einheit wichtig.

3. 93,4 Prozent der DDR-Bürger sind
   a) ☐ nicht zur Wahl gegangen.
   b) ☐ zur Wahl gegangen.

4. Die erste Regierung bildeten
   a) ☐ die PDS und die CDU.
   b) ☐ die CDU/DA, die SPD und drei andere Parteien.

9 Wie ist der Text geschrieben? Und woran kann man das erkennen? Kreuzen Sie an.

☐ sachlich ☐ emotional ☐ humorvoll

1. ☐ Es gibt viele Zahlen.

2. ☐ Der Text beschreibt die Gefühle der Menschen.

3. ☐ Der Text zählt viele Fakten auf.

4. ☐ Der Autor des Textes äußert seine Meinung über die Ereignisse.

Kommunikation

10 Bertolt Brecht: eine Biografie.
Schreiben Sie mit den Stichwörtern einen Text.

1898 als Eugen Berthold Friedrich Brecht in Augsburg geboren
1917 Notabitur im Ersten Weltkrieg
1918 er wird Soldat
1922 sein erstes Stück „Trommeln in der Nacht" wird in München aufgeführt
1924 Umzug nach Berlin, arbeitet am Deutschen Theater, Dreigroschenoper (1928)
1929 Heirat mit Schauspielerin Helene Weigel (3 Kinder)
1933 verlässt mit seiner Familie Deutschland, lebt in verschiedenen Ländern Europas
1941 19. April: Premiere von „Mutter Courage und ihre Kinder" in Zürich, zieht in die USA
1949 Rückkehr nach Ostberlin, arbeitet als Theaterleiter
1951 Nationalpreis der DDR
1953 distanziert sich von der SED
1956 Tod durch Herzinfarkt

Bertolt Brecht wurde ... Sein ganzer Name war ...
Mit 19 Jahren machte er ... / ein Jahr später ging
er ... / nach vier Jahren ...

11 Sie haben das Museum am Checkpoint Charlie in Berlin besucht und erzählen einem Freund davon. Wählen Sie aus den Informationen aus und schreiben Sie eine E-Mail.

Unsere Themen
BERLIN – Von der Frontstadt zur Brücke Europas
DER VOLKSAUFSTAND 17. Juni 1953
DIE MAUER – Vom 13. August bis zu ihrem Fall
Es geschah am CHECKPOINT CHARLIE
FLUCHT macht erfinderisch
Maler interpretieren DIE MAUER

Flucht macht erfinderisch
Über 5.000 Menschen gelang
zwischen 1961 und 1989 die Flucht
über die Berliner Mauer. Sie nutzten
dabei oft sehr originelle Mittel:
umgebaute Autos, eine Musik-Box,
einen Heißluftballon ...

Fakten über die Mauer (im Juli 1989)
Der „Ring um Berlin":
– Gesamtlänge 155 km
– Höhe 3,6 m
– Material Stahlbeton
– Anzahl der Wachtürme 302

 Tipp
Besuchen Sie das Museum:
www.mauermuseum.de

Produktwege

Wortschatz

1 Was ist gemeint: Produkt oder Produktion? Ordnen Sie zu. Unterstreichen Sie in den Texten die Stellen, die Ihnen bei der Lösung geholfen haben.

Produkt: ☐   Produktion: ☐

 In unserem Werk werden 20.000 Autos im Jahr hergestellt. Wir haben die modernste Technik und sehr gute Arbeitsbedingungen für unser Personal. Bei unseren Arbeitsprozessen sind uns Maßnahmen zum Schutz der Umwelt sehr wichtig.

A

 Unsere Autos sind durch ihr modernes Design ein echter Hingucker. Sie sind zuverlässig, denn sie durchlaufen eine strenge Qualitätskontrolle. Gleichzeitig überzeugen sie unsere Kunden durch einen äußerst attraktiven Preis.

B

2 Wer zahlt den wahren Preis der Billigkleidung?
a) Lesen Sie und beantworten Sie die Frage.

Das Prinzip Sumangali

Ein T-Shirt aus Baumwolle für drei Euro oder ein Badeanzug für nur fünf Euro? Das kennt man von Discountern, die ihre Kunden vor allem mit besonders günstigen Preisen zu überzeugen versuchen. Die Qualität der Produkte ist oftmals nicht schlechter als in anderen Geschäften. Aber wie ist es möglich, so billig zu verkaufen?

Ganz einfach: Die Kleidung wird aus Ländern importiert, in denen man so billig wie möglich produziert. Beispiel Indien, hier gibt es das das Prinzip „Sumangali" (übersetzt „glückliche Braut"), das heißt, Mädchen werden von ihren Familien für vier Jahre als Arbeiterinnen in eine Fabrik geschickt. Sie bekommen ca. 85 Cent am Tag, das liegt auch in Indien unter dem vorgeschriebenen Mindestlohn. Am Ende der vier Jahre sollen sie einen „Bonus" zwischen 800 und 1300 Euro bekommen, das „Brautgeld", das die Familie zahlt, wenn das Mädchen heiratet. Die Arbeitsbedingungen sind unmenschlich: Das Essen ist schlecht und wenn die Mädchen krank werden oder einen Unfall haben, werden sie nicht versorgt, sondern auf die Straße geschickt. Den Bonus gibt es dann natürlich nicht. Es werden keine Vorschriften zum Schutz der Arbeiterinnen beachtet, sondern nur Verbote aufgestellt.

Die jungen Frauen dürfen zum Beispiel das Gelände, auf dem die Fabrik steht, nicht verlassen. Tirupui in Südindien ist ein Zentrum der Textilproduktion. So gut wie alle Modefirmen lassen hier produzieren. Sie sagen, ihre Nähfabriken werden überwacht und halten sich an die Vorschriften. Das heißt aber nicht, dass das auch für die Stoffe gilt, die sie einkaufen und wo niemand so genau hinschaut, unter welchen Bedingungen sie produziert werden.

b) Was heißt das? Ordnen Sie die markierten Wörter aus dem Text der Erklärung zu.

1. man sollte sie beachten: _die Vorschriften_

2. billig: _____

3. daraus macht man Stoff: _____

4. ins Land bringen: _____

5. jdn verletzt sich, hat einen _____

6. was man nicht darf: _____

7. wenn keiner darauf achtet, wie etwas ist: _____

8. ein Gebäude, in dem gearbeitet wird: _____

9. wie gut oder schlecht etwas ist: _____

10. hier wird sehr viel Kleidung hergestellt: _____

11. das muss für eine Arbeit laut Gesetz gezahlt werden: _____

3 Was passt zusammen? Verbinden Sie.

1. fünf Mitarbeiter in Vollzeit
2. die Arbeitsbedingungen technisch stark
3. Baumwolle aus Kenia nach Europa
4. den jährlichen Umsatz auf ca. drei Millionen
5. die Verbraucher zum Protest
6. das Konzept für seine neue Website selbst
7. den Lohn für seine Mitarbeiter um 150 Euro
8. keine Veränderungen
9. den bestellten Artikel

a) akzeptieren
b) ungeöffnet zurückschicken
c) entwickeln
d) beschäftigen
e) importieren
f) auffordern
g) verbessern
h) schätzen
i) erhöhen

4 Was passt nicht? Streichen Sie durch.

1. Kleidung: der Faden   das Leder   der Sand   die Baumwolle
2. online: bestellen   verbessern   bewerten   bezahlen
3. Arbeitsbedingungen: die Fabrik   die Mehrarbeit   der Lohn   der Umsatz
4. Preis: schick   preiswert   billig   günstig
5. Kaufhaus: die Umkleidekabine   der Container   der Artikel   die Auswahl
6. Strand: die Strumpfhose   der Sand   der Bikini   die Badehose
7. Kritik: auffordern   akzeptieren   importieren   beachten
8. Gewinn   schätzen   einstellen   beteiligen   erhöhen

5 Verlorene Vorsilben. Womit beginnen die Wörter?

| auf | hin | ver | be | er | unter | ein |

1. Waren _____stellen

2. die Wirkung genau _____suchen

3. die Mitarbeiter am Umsatz _____teiligen

4. die Arbeitsbedingungen _____bessern

5. die Arbeitgeber zu mehr Lohn _____fordern

6. mehr Personal _____stellen

7. nicht genau _____schauen wollen

8. das Symbol nicht _____kennen

Grammatik

6 Die Kleiderfirma „Stoffwunder" beschreibt ihre Vorteile. Schreiben Sie Sätze mit *nicht ... sondern* wie im Beispiel.

Beispiel: unsere Produkte aus Kunststoffe machen / alles aus Baumwolle herstellen
➡ Wir machen unsere Produkte nicht aus Kunststoff, sondern wir stellen alles aus Baumwolle her.

1. immer nach denselben Modellen nähen / jedes Jahr neue Designs entwickeln
2. die Stoffe aus dem Ausland importieren / sie in unserem Land kaufen
3. sich so schnell zufrieden geben / versuchen, unsere Qualität ständig zu verbessern
4. nur die beliebtesten Modelle anbieten / eine große Auswahl haben
5. unseren Mitarbeiten immer den gleichen Lohn zahlen / sie finanziell am Erfolg beteiligen

7 Was können wir tun, um mehr Kunden zu gewinnen? Wiederholung: Sätze mit *um ... zu ...* Schreiben Sie wie im Beispiel.

Beispiel: mehr neue Produkte entwickeln / attraktive Waren anbieten
➡ Wir müssen mehr neue Produkte entwickeln, um attraktive Waren anzubieten.

1. die Produktion erhöhen / die Umsätze steigern
2. die Qualität verbessern / die Produkte leichter verkaufen können
3. mehr Werbung machen / die Kunden besser informieren
4. neue Filialen eröffnen / mehr Produkte direkt verkaufen
5. eine Telefon-Hotline aufmachen / die Fragen der Kunden beantworten
6. die Versandkosten streichen / das Online-Angebot attraktiver machen

8 Familie Rettich lebt jetzt auf einem Bauernhof. Herr Rettich erzählt.
a) Schreiben Sie seine Sätze ins Passiv.

„Auf dem Hof stellen wir alle Lebensmittel selbst her. Nur das Brot kaufen wir bei einer Bio-Bäckerei. Im Supermarkt kaufen wir gar nicht mehr ein. Hinter dem Haus halten wir Hühner. Vor dem Haus züchten wir Bienen und produzieren Honig. Im Garten pflanzen wir Obst und Gemüse. Und hier baue ich bald einen neuen Stall."

Auf dem Hof werden alle Lebensmittel selbst hergestellt. Nur das Brot wird ...

b) Aber es gibt noch mehr zu tun.
Schreiben Sie Sätze mit Modalverben wie im Beispiel.

Beispiel: Wir müssen den Hühnerstall renovieren.
➡ Der Hühnerstall muss renoviert werden.

1. Bald können wir das Obst und Gemüse ernten.
2. Zweimal am Tag müssen wir unsere Hühner füttern.
3. Man darf die Tiere nicht immer im Stall halten.
4. Deshalb muss man sie im Frühling und Sommer auf die Wiese schicken.
5. Im Herbst müssen wir unsere Bienen auf den Winter vorbereiten.

9 Etwas selbst tun? „Nie im Leben!", sagt Herr Faulpelz und lässt andere arbeiten. Wiederholung: Sätze mit *lassen* und n-Deklination. Schreiben Sie die Sätze um. „Wer" hat keine n-Deklination?

1. Der Kaffee muss gekocht werden.
2. Die neuen Stoffe können aus dem Lager abgeholt werden.
3. Die Baumwolle muss ausgepackt werden.
4. Die Rechnungen sollten überprüft werden.
5. Die Kunden wollen angerufen werden.

➥ der Praktikant
➥ der Kollege
➥ der Student
➥ die Sekretärin
➥ der Assistent

Er lässt den Praktikanten den Kaffee kochen.

10 Arbeitsbedingungen beim Versandhandel. Wiederholung: Verben mit Präpositionen. Ergänzen Sie den Text, achten Sie auf die Verbform.

achten auf • arbeiten an • berichten über • denken an • (sich) entscheiden für/gegen •
(sich) erinnern an • (sich) freuen über • (sich) interessieren für • warten auf

In den Medien wird immer mehr _über_ die Arbeitsbedingungen in den Herkunftsländern der

Billigprodukte _____¹. Aber die Journalisten _____ sich auch _____²

die Menschen, die in Europa für große Versandhäuser arbeiten. _____ das, was in ihren

Reportagen gezeigt wird, kann man sich als Kunde auch nicht unbedingt _____³.

Die Arbeitgeber _____ meistens nur _____ die Möglichkeiten, ihren Gewinn zu

erhöhen und nicht _____⁴ ihre Mitarbeiter. Der junge Reporter Karl Schmitz hat drei Tage

bei einer solchen Firma gearbeitet und _____ sich _____⁵ dreckige Toiletten, über-

füllte Umkleidekabinen und schlechte Luft. _____ die Produktivität der Mitarbeiter wird

ständig _____⁶. Wenn sie zu langsam sind, sind die Chefs unzufrieden. Die Unter-

nehmen haben nach diesen Berichten zugegeben, dass es Fehler gegeben hat. Sie wollen

_____ der Verbesserung der Arbeitsbedingungen _____⁷. Hoffentlich müssen

die Mitarbeiter nicht zu lange _____ diese

Veränderungen _____⁸. Als Kunde

kann man sich natürlich _____ oder gegen den

Versandhandel _____⁹, aber wird

das Problem so gelöst?

Lesen

11 Lesen Sie den Text. Was ist die wichtigste Aussage?

a) ☐ Fleisch ist ungesund, man sollte mehr Obst und Gemüse importieren.
b) ☐ Die Verbraucher sollten Lebensmittel aus ihrer Heimat kaufen.
c) ☐ Lange Transportwege verschlechtern die Qualität von Obst und Gemüse.

Umweltbewusst essen?

Woher kommen die Lebensmittel, die wir essen? Äpfel aus Neuseeland, Fleisch aus Argentinien, Erdbeeren aus Spanien ... das ist Alltag in unseren Supermarktregalen. Aber lange Transportwege belasten die Umwelt und fördern den Klimawandel. Prinzessböhnchen aus Kenia zum Beispiel finden nur per Flugzeug den Weg zu einem Gemüsestand in D A CH. Der Transport
5 durch die Luft verursacht je Tonne Lebensmittel und Kilometer bis zu 220 Mal mehr Treibhausgase als der Schiffstransport und bis zu 15 Mal mehr als der Transport per Lkw. Man kann also sagen: Die Länge des Weges, die ein Produkt zurücklegt, bis es auf Ihrem Teller landet, hat direkten Einfluss auf die Umwelt. Auch die Art des Anbaus spielt eine Rolle: Die Produktion im Gewächshaus
10 verbraucht bis zu 30 Mal mehr Energie als Freilandgemüse. Auch Obst aus der Dose oder Tiefkühlgemüse verursachen deutlich mehr Treibhausgase als frische, unverarbeitete Ware aus der Region. Und: Wenn wir anstatt immer mehr Fleisch wieder mehr Gemüse essen, hilft auch das der Umwelt. Denn die Produktion eines Kilos Rindfleisch verursacht
15 13 Kilogramm Kohlendioxid, ein Kilo Bohnen dagegen nur 150 Gramm. Kommen diese Bohnen dann auch noch aus biologischem Anbau, wird die Klimabilanz noch besser, denn sie werden ohne künstliche Dünger, bei deren Produktion viel Energie verbraucht wird, angebaut. Darauf zu achten, wo unsere Lebensmittel herkommen, ist nicht nur für die Umwelt gut: Die Produkte aus der Heimat schmecken oft besser und sind gesünder, weil sie nicht lange gelagert
20 und für den Transport nicht extra chemisch behandelt werden müssen. Äpfel, Birnen, Feldsalat, Grünkohl oder Spargel – heimisches Obst und Gemüse sorgt für tägliche Abwechslung auf dem Speiseplan. Aber wo kann man regionale Lebensmittel kaufen? Zum Beispiel in Hofläden oder auf Wochenmärkten. Aber fragen Sie die Händler nach der Herkunft der Produkte, denn manchmal
25 wird auch Ware aus dem Ausland zugekauft! Auch viele Bäcker oder Metzger und Lebensmittelhändler bieten Regionales an. Adressen für Lebensmittel aus Ihrer Region finden Sie im Internet.

12 Lesen Sie den Text noch einmal. Was ist richtig und wo finden Sie diese Aussage im Text?

	richtig	Zeile
1. Alle Lebensmittel müssen heute lange Transportwege zurücklegen.	☐	_____
2. Der Transport mit dem Flugzeug ist besonders schlecht für die Umwelt.	☐	_____
3. Wie etwas angebaut wird, ist nur für die Qualität wichtig.	☐	_____
4. Frische Lebensmittel verbrauchen weniger Energie.	☐	_____
5. Gemüse essen ist umweltfreundlicher als Fleisch essen.	☐	_____
6. Obst und Gemüse nur aus Deutschland ist langweilig.	☐	_____
7. Auf Märkten gibt es nicht nur Produkte aus der Region.	☐	_____
8. Man soll sein Obst und Gemüse im Internet bestellen.	☐	_____

Kommunikation

13 Eine Reklamation schreiben. Nutzen Sie die Punkte.

Sie haben bei der Firma *Anna-Versand* im Internet Geschirr bestellt, aber es gab Probleme:

– Sie schicken die Ware zurück, aber Sie haben schon bezahlt.
– Die Lieferung ist eine Woche zu spät gekommen.
– Das Geschirr sieht ganz anders als auf dem Foto aus.
– Zwei Teller waren kaputt.

14 Eine Bewertung schreiben. Ergänzen Sie den Text. Nutzen Sie die Punkte.

Sie haben online einen Fernseher gekauft und sind sehr zufrieden.
Schreiben Sie einen Kommentar auf der Website.

– tolles Bild, hohe Qualität
– guter Preis
– einfache Bedienung
– schnelle Lieferung

★ ★ ★ ★ ★
Einfach nur super!!!

Freitag, den 04.05.2012 von **JensG**
Ich habe mir den Java XL 5000 bei
selva gekauft und …

15 Sie und Ihre Kollegen haben genug von schlechten Arbeitsbedingungen und niedrigem Lohn.
Sie demonstrieren. Da kommt die Presse und fragt nach den Forderungen der Angestellten.
Schreiben Sie die Antworten.

Die Löhne müssen ab sofort erhöht werden.

16 Ihre Meinung ist gefragt. Lesen Sie den Text und formulieren Sie Ihre Meinung dazu.
Schreiben Sie einen Text (ca. 100 Wörter).

Sonja und Silke, zwei Studentinnen aus Hamburg, wollen sich dafür engagieren, dass nicht
mehr so viele Ressourcen für die Herstellung von Kleidung benötigt werden. Deshalb haben sie
eine Plattform zum Online-Kleidertausch entwickelt. Die Idee ist gut angekommen. Seit drei
Jahren gibt es die Plattform schon und vor einer Woche wurde das millionste Kleidungsstück
hochgeladen.

Finden Sie die Idee richtig?
Würden Sie so ein Angebot nutzen?

Unter einem D A CH

Wortschatz

1 Alles Walzer. Ergänzen Sie die Anzeige.

Angebot • beibringen • Damen • Erlebnis • ermöglicht • Generationen • Saison • Tanzschule • Tradition

> **Alles Walzer – Tag der offenen Tür in Wiens beliebtester**
>
> _____ [1]
>
> Die _____ [2] ist eröffnet! Auch Sie wollen heuer
>
> auf einem der vielen Bälle tanzen, aber mit dem Walzer klappt
>
> es noch nicht? Wir _____ Ihnen den österrei-
>
> chischen Gesellschaftstanz gerne _____ [3]. Dann wird der
>
> Ballbesuch garantiert zu einem unvergesslichen _____ [4]!
>
> Die Tanzschule wird von uns seit drei _____ [5] geführt. Wir pflegen nicht
>
> nur die _____ [6] der Opernstadt, sondern sind auch offen für alles Neue.
>
> Ein Tanzkurs _____ [7] Ihnen intensive Zeit zu zweit, macht Spaß und ist
>
> auch noch gesund! Probieren Sie es aus und besuchen Sie uns am 24. September im
>
> Herzen von Wien. Unser besonderes _____ [8]: Bei Anmeldung zu einem
>
> Kurs zahlen die _____ [9] 20 Prozent weniger.

2 Welches Land in Europa ist das? Ergänzen Sie den Steckbrief.

Nachbarländer • Einwohnerzahl • bekannte Namen • Hauptstadt • Landessprachen • Politisches • Produkte • Geografisches

> Name: _____
>
> _____ : Madrid
>
> _____ : Kastilisch, Katalanisch, Galicisch, Baskisch, Aranesisch
>
> _____ : 47,2 Millionen
>
> _____ : Parlamentarische Monarchie, 17 Autonome Gemeinschaften
>
> _____ : Portugal, Frankreich, Andorra
>
> _____ : viele Inseln (Balearen, Kanaren), höchster Berg: Teíde
>
> _____ : Miguel Cervantes, Antonio Banderas, Penelope Cruz
>
> _____ : Schinken, Wein, Keramikfliesen

3 D A CH-Quiz. Wissen Sie es noch? Kreuzen Sie an.

1. Wie heißen Teile der Bundesrepublik Deutschland?
A ☐ Kantone   B ☐ Bundesstaaten
C ☐ Nachbarländer   D ☐ Bundesländer

2. In welchem Land ist Italienisch Landessprache?
A ☐ In Deutschland   B ☐ In der Schweiz
C ☐ In Österreich   D ☐ In Spanien

3. Was bedeutet das Wort „heuer"?
A ☐ dieses Jahr   B ☐ gestern   C ☐ heute

4 Was heißt das: a oder b? Kreuzen Sie an.

1. Unsere Veranstaltungen sind sehr gefragt.
a) ☐ Alle fragen, was wir machen.
b) ☐ Die Kunden mögen das, was wir machen.

2. Jetzt ist unser Ehrgeiz erwacht, noch besser zu sein als die Konkurrenz.
a) ☐ Wir müssen uns keine Sorgen mehr um die Konkurrenz machen.
b) ☐ Jetzt wollen wir noch mehr tun, um noch besser zu sein.

3. Der Chef drängt, er will neue Ideen sehen.
a) ☐ Er ist ungeduldig.
b) ☐ Er ist neugierig.

4. Ich bin für die Organisation des neuen Programms verantwortlich.
a) ☐ Die Organisation des neuen Programms ist meine Aufgabe.
b) ☐ Ich stelle viele Fragen zum neuen Programm.

5. Mir wurde schnell klar, dass der Saal für diesen Ball viel zu klein ist.
a) ☐ Ich musste schnell einen kleinen Saal mieten.
b) ☐ Ich habe bald gemerkt, dass der Saal zu klein ist.

6. ◄ Ich bin ratlos.
a) ☐ Ich weiß nicht, was ich tun soll.
b) ☐ Ich kann einen Rat geben.

7. ▮ Gib nicht so schnell auf!
a) ☐ Gib mir schnell etwas!
b) ☐ Mach weiter, du schaffst das.

8. Aber die Karten für den Silvesterball sind schon lange ausverkauft.
a) ☐ Die Karten werden noch lange verkauft.
b) ☐ Es gibt keine Karten mehr.

5 Aus 1 mach 2: *Nämlich* statt *weil*. Schreiben Sie zwei Hauptsätze wie im Beispiel. Dann lesen Sie die Sätze laut.

Beispiel: Im Dezember fährt Maria nach Wien, weil sie eine Freundin besuchen möchte.
☞ Im Dezember fährt Maria nach Wien. Sie möchte nämlich eine Freundin besuchen.

1. Sie fährt mit der Bahn, weil sie Angst vor dem Fliegen hat.
2. Außerdem fährt sie lieber mit dem Zug, weil sie dort auch arbeiten kann.
3. Der Strom für den Computer ist kein Problem, weil es im ICE Steckdosen gibt.

Grammatik

6 Mozart – ein Weltstar aus Österreich.

Der Komponist Wolfgang Amadeus Mozart wurde 1756 in Salzburg geboren. Er wurde nur 35 Jahre alt. Er besuchte nie eine Schule, sondern wurde schon früh von seinem Vater ausgebildet. Mit drei Jahren konnte er bereits Klavier spielen, mit fünf Jahren komponierte er und gab sein erstes Klavierkonzert. Mozart war in seinem kurzen Leben äußerst produktiv: Er schrieb über 50 Sinfonien, 28 Konzerte für Klavier oder Violine, viele Musikstücke und eine ganze Reihe großer Opern. Viele bezeichnen ihn als das größte Musikgenie aller Zeiten. Bis heute weiß man nicht, woran Mozart gestorben ist.

a) Schreiben Sie Sätze mit *nicht nur ...,* *sondern auch* wie im Beispiel.

Beispiel: Mozart ist in seiner Heimat Österreich berühmt / im Rest der Welt.
→ Mozart ist nicht nur in seiner Heimat Österreich berühmt, sondern auch im Rest der Welt.

1. Schon als Kind spielte Mozart in Österreich / in Deutschland
2. Mozart trat vor Kaiser Franz und Maria Theresia auf / vor dem Dichter Goethe
3. Mozart reiste oft nach Deutschland / nach Italien
4. Außerdem war er in Paris / in Prag
5. Er schrieb große Opern / Lieder, Konzerte und Sinfonien

b) *Trotz* + Genitiv. Was passt zusammen? Verbinden Sie, bilden Sie den Genitiv und schreiben Sie die Sätze.

Trotz

sein kurzes Leben	spielte er 1762 vor dem Kaiser.
sein junges Alter	bekam er nie eine Stelle in Italien.
sein gutes Einkommen	schrieb er sehr viele Werke.
die viele Arbeit	bekam er mit seiner Frau Constanze 6 Kinder.
das große Talent	starb er in Armut.

Trotz seines jungen Alters ...

c) Wiederholung: Nebensätze mit *obwohl*. Schreiben Sie die Sätze aus b) wie im Beispiel um. Benutzen Sie *war* und *hatte*.

Beispiel: Obwohl Mozart so jung war, spielte er 1762 vor dem Kaiser.

7 Spezialitäten aus D A CH und ihre Eigenschaften. *Trotz* oder *wegen*? Ordnen Sie zu.
A = Wegen   B = Trotz

1. a) ☐ ihrer vielen Käsesorten ist die Schweiz ein Paradies für Käseliebhaber.
   b) ☐ der großen Vielfalt essen die meisten Menschen nur ihre zwei bis drei Lieblingssorten.

2. a) ☐ des deutschen „Reinheitsgebots" wird das deutsche Bier ohne Zusatzstoffe hergestellt.
   b) ☐ seiner natürlichen Zutaten ist das Bier nur gesund, wenn man nicht zu viel davon trinkt.

3. a) ☐ der schönen Tradition der Wiener Kaffeehäuser ist Kaffee in Österreich ein beliebtes Getränk.
   b) ☐ der vielen Kaffeehäuser in Österreich wird in Deutschland mehr Kaffee getrunken.

4. a) ☐ seiner langen Haltbarkeit hat Sauerkraut viel Vitamin C.
   b) ☐ seiner langen Haltbarkeit war Sauerkraut früher oft auf Schiffsfahrten mit an Bord.

8 Eine Schauspielerin in D A CH.
Wiederholung: Relativsätze. Schreiben Sie Sätze wie im Beispiel.

Beispiel: Liselotte Pulver ist eine deutschsprachige Schauspielerin. – Sie kommt aus der Schweiz.
➤ Liselotte Pulver ist eine deutschsprachige Schauspielerin, die aus der Schweiz kommt.

1. Ab Mitte der 50er-Jahre wurde sie vor allem in der BRD bekannt. – In der BRD wurde sie schnell zum Publikumsliebling und „Lilo" genannt.
2. International wurde sie durch ihre Rolle in der Komödie *Eins zwei drei* bekannt. – Die Komödie wurde von dem berühmten Regisseur Billy Wilder in Berlin gedreht.
3. Aber sie filmte nicht nur in Deutschland, sondern auch in anderen Ländern. In Frankreich arbeitete sie an der Seite von Jean Gabin. – Jean Gabin wurde vor allem als Kommissar Maigret bekannt.
4. Liselotte Pulver hat ein sehr herzliches Lachen. – Dieses Lachen wurde ihr Markenzeichen.
5. Sie wurde mit vielen Preisen geehrt. Zuletzt 2012 mit dem SwissAward. – Den SwissAward hat sie für ihr Lebenswerk bekommen.
6. Von 1978 bis 1983 konnte man sie als Lilo in der deutschen *Sesamstraße* sehen. – Die Sesamstraße ist eine beliebte Kindersendung aus Amerika.

🌻 **Filmtipp**

Sehen Sie sich den Film „Kohlhiesels Töchter" an. Lilo Pulver spielt dort zwei Rollen. Beschreiben Sie die Figuren, die sie spielt. Wie wird in diesem Film die Schweiz gezeigt? Was sieht man in diesem Film von der Stadt München?

Unter einem D A CH

Lesen

9 Die Donau.

a) Lesen Sie die Texte schnell und ordnen Sie jedem Thema einen Abschnitt zu.

☐ Geschichte und Kultur ☐ Geografie ☐ Tourismus ☐ Wirtschaft

1. Die Donau ist mit 2888 Kilometern der zweitlängste Fluss Europas. Auf ihrem Weg von West nach Ost durchfließt sie zehn Länder (Deutschland, Österreich, Slowakei, Ungarn, Kroatien, Serbien, Moldawien, Bulgarien, die Ukraine und Rumänien,). Der Fluss entspringt[1] in einem Schlosspark in Donaueschingen (Bayern) und fließt am Leuchtturm von Sulina (Rumänien) ins Schwarze Meer.

2. Die Donau fließt auf ihrem Weg an zahlreichen Denkmälern der Geschichte vorbei: mittelalterliche Burgen und herrliche Paläste. Er verbindet Länder, Kulturen und Familiengeschichten. Woher der Fluss seinen Namen hat, weiß man nicht genau. Man vermutet, dass der Name „Donau" seinen Ursprung in der Sprache der Kelten hat, die früher an dem Fluss lebten. Der österreichische Komponist Johann Strauß hat im Winter 1866/67 einen Walzer komponiert. Er hat den Titel „An der schönen blauen Donau". Heute ist diese Melodie so beliebt, dass sie manchmal „die heimliche Hymne Österreichs" genannt wird.

3. Die Donau ist jedoch nicht nur Geschichte und Romantik. Sie ist auch ein moderner Fluss, der eine wichtige Bedeutung im europäischen Handelsverkehr hat. Fast auf seiner ganzen Länge ist der Fluss für Schiffe befahrbar, er verbindet über den Rhein-Main-Donau-Kanal die Nordsee (Rotterdam) mit dem Schwarzen Meer. Aber auch die Personenschifffahrt wird immer beliebter. Über 113 Kabinenschiffe fahren regelmäßig zwischen Passau und Budapest hin und her und seit 2002 ist auch das Donaudelta wieder mit dem Schiff erreichbar.

4. Überhaupt ist die Donau immer eine Reise wert. Besonders aufregend ist der Donauradweg. Er ist insgesamt fast 1400 Kilometer lang und führt durch vier Länder. Man kann sich seine Touren selbst zusammenstellen und dabei zahlreiche Sehenswürdigkeiten und herrliche Naturparks besichtigen. Es gibt einen Gepäckservice, der einem die Sachen zum nächsten Ziel bringt und wenn die Beine mal zu müde werden, kann man an vielen Stationen aufs Schiff umsteigen.

1 entspringen: ein Fluss beginnt, das ist die Quelle

b) Lesen Sie die Fragen und markieren Sie in den Texten die Antworten.

1. Wie lang ist die Donau und durch welche Länder fließt sie?
2. Wo endet sie?
3. Woher hat der Fluss seinen Namen?
4. Wer hat den Walzer „An der schönen blauen Donau" geschrieben?
5. Welche Meere verbindet die Donau über den Rhein-Main-Donau-Kanal?
6. Was passiert mit dem Gepäck, wenn man einen Fahrradurlaub an der Donau macht?

10 Zu welchen Textabschnitten auf Seite 92 passen diese Aussagen? Ordnen Sie zu.

Irene Andress (71), *Rentnerin*: „Ich lebe schon mein ganzes Leben an der Donau. Sie hat sich sehr verändert und ist doch auch irgendwie gleich geblieben. Der Fluss und meine Familien gehören zusammen: Mein Großvater ist aus Ungarn und über die Donau hierhin nach Bayern gekommen."

Jonas Beier (15), *Schüler*: „Ich musste eine Hausaufgabe über die Donau schreiben. Zuerst fand ich das langweilig, aber dann habe ich echt spannende Informationen gefunden. Ich wusste nicht, dass sie so lang ist und durch so viele Länder führt."

Andrea und Ralf (beide 39), *Urlauber*: „Wir sind begeistert! Es ist zwar ganz schön anstrengend, aber abends sind wir immer in einem schönen Hotel. Heute haben wir das Puppenmuseum in Donauwörth besichtigt – so süß. Es ist auch herrlich, den ganzen Tag an der frischen Luft zu sein."

Hannes Kern (52), *Kapitän*: „Ich fahre jetzt schon seit 14 Jahren die Strecke Passau – Wien – Budapest – Bratislava – Wachau und wieder Passau. Aber heute gibt es viel mehr Schiffe auf der Donau, denn die Kreuzfahrten sind groß in Mode."

Kommunikation

11 Schweizer Schokolade.
a) Einen Vortrag vorbereiten. Lesen Sie den Text und sammeln Sie die Informationen in einer Tabelle.

Schweizer und ihre Schokalde	Geschichte der Industrie	Produkte

Süße Träume

„Neun von zehn Menschen mögen Schokolade. Der zehnte lügt", das liest man auf einer Häuserwand in Bern. Dem würde wohl jeder Schweizer zustimmen: „Unser liebster ‚Zvieri[1]' ist schon immer frisches Brot mit ‚Schoggi'. Aber sie schmeckt natürlich auch ohne Brot, zum Espresso oder auch zum Wein – ach, zu jeder Gelegenheit."
Lange 400 Jahre sind es her, seit Kolumbus als erster Europäer eine Kakaobohne sah und sie nach Europa brachte. Die Schweizer Chocolatiers machten daraus süße Köstlichkeiten wie Torten, Pralinen und Mousse au Chocolat. Die Jahre zwischen 1890 und 1920 waren eine wahre Blütezeit der Schweizer Schokoladeindustrie. Zu dieser Zeit war die Schweiz auch ein gefragtes Ziel für reiche Touristen. Angehörige der obersten Gesellschaftsschichten aus aller Welt verbrachten ihre Ferien in der Schweiz und lernten die Schweizer Schokolade kennen und lieben. So eroberte sie zwischen 1900 und 1918 den Weltmarkt.

1 Zvieri = Zwischenmahlzeit, Snack

b) Einen Vortrag halten. Üben Sie Ihren Vortrag vor dem Spiegel oder nehmen Sie ihn auf.
Ich möchte über die Schweizer Schokolade sprechen. Die Schweizer ...
Sie essen sie ... / Es gibt sie ... / Kolumbus hat ... / In den Jahren ...

Sprechen, Teil 2:

Über Erfahrungen sprechen

Der Prüfungsteil Sprechen besteht aus drei Teilen. Im ersten Teil stellen Sie sich vor. Das haben Sie in Ja genau! *schon oft geübt. Hier können Sie Teil 2 und Teil 3 üben; die Schritte helfen Ihnen.*

Teil 2 ist eine Paarprüfung. Sie und Ihr/e Partner/in bekommen jeder ein Foto und Sie unterhalten sich zu zweit über diese Situation und tauschen Ihre Erfahrungen dazu aus.

Das sagt der Prüfer oder die Prüferin:

Zuerst:
Sie haben in einer Zeitschrift ein Foto gefunden.
Berichten Sie kurz:
Was sehen Sie auf dem Foto?
Was für eine Situation zeigt das Bild?

Danach:
Erzählen Sie bitte.
Welche Erfahrungen haben Sie damit?
Wie ist das in Ihrem Heimatland?

Schritt 1: Das Foto beschreiben
Beschreiben Sie das Foto. Was sehen Sie? Sie können auch Details nennen. Sagen Sie auch etwas zur ganzen Situation auf dem Foto. Worum geht es?
Diese Redemittel helfen Ihnen:

– Auf dem Foto sieht man ... / Man sieht, wie eine Frau/ein Mann/mehrere Personen ...
– Das Foto zeigt ...
– Ich denke, es geht um ...
– Das Thema könnte ... sein.

Schritt 2: Auf die Fragen des Prüfers / der Prüferin antworten
Nachdem Sie etwa eine Minute lang gesprochen haben, entscheiden die Prüfer, ob Sie eher Niveau A2 oder B1 prüfen. Deshalb sind die Fragen unterschiedlich schwer. Sie werden auch gefragt, wie es in Ihrem Land ist.

Folgende Fragen könnten zu dieser Aufgabe kommen:
Gibt es in Ihrem Land auch Menschen, die Pfandflaschen oder andere Dinge sammeln? / Haben Sie das schon einmal gesehen, was haben Sie da gedacht? / Welche Hilfen bekommen Menschen, die wenig Geld haben? In Deutschland/Österreich/der Schweiz? In Ihrem Land?

Teilnehmer/in A

Teilnehmer/in B

🌻 *Tipp*

So können Sie sich im Kurs auf diesen Prüfungsteil vorbereiten:
Suchen Sie im Internet oder deutschen Zeitschriften Fotos. Arbeiten Sie zu zweit. Beschreiben Sie ein Foto. Ihr/e Partner/in macht sich Notizen und stellt Ihnen dann Fragen zu dem Thema. Danach wechseln Sie.

Sprechen Teil 3:

Gemeinsam etwas planen

Teil 3 ist auch eine Paarprüfung. Sie sollen gemeinsam mit Ihrem/Ihrer Prüfungspartner/in etwas planen. Dazu teilen Sie ihm oder ihr Ihre Ideen mit, machen Vorschläge, reagieren auf die Vorschläge des Partners/der Partnerin und finden eine gemeinsame Lösung.

Aufgabe

Die Schule, an der Sie Deutsch lernen, hat in zwei Wochen einen Tag der offenen Tür. Jeder Kurs soll etwas zu diesem Fest vorbereiten. Sie und Ihr Partner/Ihre Partnerin sollen den Beitrag vorbereiten.

Planen Sie, was Sie tun möchten. Hier sind einige Notizen.

> – Ideen für das Fest?
> – Welche Gruppen machen was?
> – Geld einsammeln? Wie viel?
> – Raum schmücken? Wie und womit?
> – ...

Schritt 1: Die Aufgabe lesen und verstehen

Zuerst müssen Sie die Aufgabe gut verstehen, damit Sie wissen, was Sie planen sollen.
Lesen Sie die Aufgabe genau und achten Sie darauf, was der oder die Prüfer/in sagt. Erst dann beginnen Sie zu sprechen.

Schritt 2: Du oder Sie?

Bevor Sie anfangen, mit Ihrem Partner/Ihrer Partnerin zu sprechen, muss klar sein, ob Sie sich mit „du" oder „Sie" ansprechen. Fragen Sie z. B. „Wollen wir ‚du' sagen?" Wenn Sie während der Prüfung zwischen du und Sie wechseln, ist das ein Fehler.

Schritt 3: Gemeinsam etwas planen

Sprechen Sie in längeren Sätzen. Reagieren Sie auf das, was Ihr Partner/Ihre Partnerin sagt, und sagen Sie nicht nur „ja" oder „nein". Wenn Sie etwas nicht verstehen, ist das kein Problem. Fragen Sie einfach. Schauen Sie Ihre Gesprächspartner beim Sprechen an.

Bildquellenverzeichnis